A LEGALIZAÇÃO
DA CLASSE OPERÁRIA

Bernard Edelman

A LEGALIZAÇÃO
DA CLASSE OPERÁRIA

Coordenação da tradução

Marcus Orione

Tradução

Flávio Roberto Batista, Jorge Luiz Souto Maior, Marcus Orione Gonçalves Correia e Pablo Biondi (com a colaboração de Aton Fon Filho, Christelle Gibon, Danilo Uler Corregliano, Jonnas Vasconcelos, José Carlos Baboin, Rafael de Sá Menezes, Thiago Barison e William Glauber Castanho Teodoro)

© desta edição, Boitempo, 2016
© Christian Bourgois Editeur, 1978

Título original: *La Légalisation de la classe ouvrière. Tome 1: L'Entreprise.*

Coordenação editorial	Ivana Jinkings
Edição	Isabella Marcatti
Assistência editorial	Thaisa Burani
Coordenação de produção	Livia Campos
Preparação	Mariana Echalar
Revisão	Luzia Santos
Capa	David Amiel
	sobre foto de Jože Gal, de 1961 (1ª capa) e detalhe da ponte e indústria têxtil Hämeensilta num dia de inverno, do arquivo de fotos do museu Vapriikki, década de 1950 (4ª capa)
Diagramação	Antonio Kehl

Equipe de apoio
Allan Jones, Ana Yumi Kajiki, Artur Renzo, Bibiana Leme, Eduardo Marques, Elaine Ramos, Giselle Porto, Ivam Oliveira, Kim Doria, Leonardo Fabri, Marlene Baptista, Maurício Barbosa, Renato Soares, Thaís Barros, Tulio Candiotto

---

CIP-BRASIL. CATALOGAÇÃO NA PUBLICAÇÃO
SINDICATO NACIONAL DOS EDITORES DE LIVROS, RJ

E24L
    Edelman, Bernard, 1946-
    A legalização da classe operária / Bernard Edelman ; coord. tradução Marcus Orione - 1. ed. - São Paulo : Boitempo, 2016.

    Tradução de: La légalisation de la classe ouvrière
    Anexo
    ISBN 978-85-7559-482-7

    1. Direito do trabalho. 2. Trabalhadores - Direitos fundamentais. 3. Direito - Filosofia. I. Título.

16-29964   CDU: 349.2

É vedada a reprodução de qualquer parte deste livro sem a expressa autorização da editora.

1ª edição: março de 2016
1ª reimpressão: novembro de 2016

BOITEMPO EDITORIAL
Jinkings Editores Associados Ltda.
Rua Pereira Leite, 373
05442-000 São Paulo SP
Tel./fax: (11) 3875-7250 / 3875-7285
editor@boitempoeditorial.com.br
www.boitempoeditorial.com.br | www.blogdaboitempo.com.br
www.facebook.com/boitempo | www.twitter.com/editoraboitempo
www.youtube.com/tvboitempo

Sumário

Prefácio a esta edição 7
Nota dos tradutores 13
Introdução – A questão do "direito operário" 15
Primeira parte – Classe operária e poder burguês 25
    O poder jurídico do capital 28
    O direito e as massas 32
Segunda parte – Empresa e política 63
    Primeira linha de defesa: direito de propriedade e contrato de trabalho 67
    Segunda linha de defesa: as instituições representativas do pessoal 82
Terceira parte – A quem "pertence" a classe operária? 109
    As aporias do fato 112
    A greve é uma modalidade de discussão 127
    O sindicato é um aparelho de discussão 130
Conclusão – As ilusões perdidas 145
Anexos 153
    Reação social e magistratura 155
Notas e documentos do CNPF 159
    Depoimento do sr. François Ceyrac, presidente do CNPF, perante a Comissão de Liberdades da Assembleia Nacional, 7 de julho de 1976 161
    Anexo – Violências cometidas em conflitos coletivos 167
    A greve 172
    A política na empresa 181
    O homem, a empresa, a cidade 186

Prefácio a esta edição

Publiquei este livro em 1978, e me parece indispensável recordar o contexto político. Na França, a esquerda se fortalecia. O Partido Comunista, dirigido por Georges Marchais, havia resistido com alguma dificuldade à revolta de Maio de 68 e ainda registrava resultados respeitáveis. O Partido Socialista, com o impulso de François Mitterrand, havia se renovado em 1971 e se preparava para assumir o poder para instaurar uma democracia liberal; entre os dois partidos, um Programa Comum havia sido concluído. Paralelamente, o comunismo enfraquecia; a URSS, bem ou mal, mantinha-se ainda, apesar da desestalinização iniciada por Khruschev, da repressão sangrenta, em 1956, da Primavera de Praga, das greves que agitavam a Polônia – Lech Walesa, em 1981, depois dos levantes de Gdansk, seria nomeado Presidente do Sindicato Solidariedade – e apesar também dos primórdios de um movimento dissidente conduzido por Andrei Sakharov e Soljenítsin.

Na China, Mao Tsé-Tung tinha falecido havia apenas dois anos e a Revolução Cultural, que fora enaltecida em Maio de 68, seria violentamente criticada pelos moderados. Enfim, Fidel Castro, mesmo fragilizado, era ainda um símbolo, para toda a América Latina, da resistência ao imperialismo dos Estados Unidos, e Che Guevara permanecia um ícone.

Na França, vivia-se numa situação intermediária. De um lado, a esquerda resistia, mas o Partido Socialista havia se tornado reformista; de outro, pressentia-se o desmoronamento dos regimes comunistas. Os intelectuais estavam divididos. Os "althusserianos" – dos quais eu fazia parte – queriam renovar o marxismo, e os outros haviam se voltado para uma nova filosofia – Foucault, Deleuze, Derrida, Barthes, Bourdieu... e já não se hesitava em falar de "freudomarxismo".

De minha parte, eu já havia perdido as ilusões. Encerrada a crença em uma luta ideológica que consistiria em pegar a burguesia na armadilha de sua própria ideologia; encerrada minha adesão ao apelo inflamado lançado por Althusser em seu livro *Por Marx*, e que via se anunciar no porvir a luta implacável dos intelectuais militantes,

> verdadeiros eruditos, armados com a cultura científica e teórica mais autêntica, instruídos sobre a realidade esmagadora e os mecanismos de todas as formas de ideologia dominante, constantemente em alerta contra elas e capazes de tomar, em sua prática teórica – a contracorrente de todas as "verdades oficiais" –, os caminhos fecundos abertos por Marx, mas interditados e barrados por todos os preconceitos vigentes.[1]

Seriam esses intelectuais militantes a conduzir, na linha de frente, o combate da classe operária contra o capitalismo. Eu já havia pagado meu tributo ao publicar meu primeiro livro, *Le droit saisi par la photographie: Éléments pour une théorie marxiste du droit**, em 1973, na famosa coleção que Althusser dirigia na Maspero. Eu estava desencantado; para mim, a revolução havia fracassado, e eu já não acreditava no advento do comunismo – essa utopia impossível de realizar. O capitalismo havia ganhado a partida. Então eu havia me dito: em vez de me deprimir e de remoer minhas decepções, melhor explicar como havia chegado a esse ponto – ao menos, substituiria meu abatimento por uma "autocrítica" que me liberaria de minha doutrinação. E foi assim que me veio a ideia deste livro – *A legalização da classe operária*.

Queria demonstrar, na contramão de todos os lugares-comuns dos marxistas, que as "conquistas" da classe operária – jornada de trabalho, férias remuneradas, reforma da dispensa... – eram, na realidade, "derrotas" políticas. Claro, as condições de trabalho haviam melhorado; certamente, a classe operária vivia melhor, mas o preço a pagar havia sido o abandono de qualquer ambição revolucionária, de qualquer vontade de abater o capitalismo e de tomar para si os meios de produção. A oposição capital/trabalho havia se renovado numa aliança capital/trabalho, em compromisso. E o instrumento privilegiado desse comprometimento havia sido o direito. Ao se "legalizar" a "classe" operária, ela era capturada, neutralizada, amordaçada. E eu tinha dado dois exemplos.

Antes de mais nada, a greve. Essa ação coletiva perigosa, temível, potencialmente revolucionária, porque coloca em questão a exploração da classe operária, havia sido progressivamente enquadrada para que se despisse de qualquer dimensão revolucionária e se reduzisse a simples reivindicações profissionais. E eu havia retraçado a gênese disso – da lei de 1864, que havia ab-rogado os Artigos 414 e 415 do Código Penal, que qualificavam a greve como "delito de coalizão", passando pela lei de 1884, que reconhecia a liberdade de associação no domínio profissional, até

---

[1] Louis Althusser, *Por Marx* (trad. Maria Leonor F. R. Loureiro, Campinas, Editora da Unicamp, 2015), p. 31.

* Ed. port.: *O direito captado pela fotografia: elementos para uma teoria marxista do direito*, Coimbra, Centelha, 1976. (N. E.)

a inscrição, no preâmbulo da Constituição de 1946, do princípio de que: "o direito de greve se exerce no marco das leis que o regulam" – retomado no preâmbulo da Constituição de 4 de outubro de 1958. Não se poderia dizer melhor; a greve havia se tornado uma ação tolerada desde que respeitasse a lei; mas, se por acaso saísse da moldura legal, ela se tornaria uma "insurreição" e poderia ser reprimida pela força; os grevistas se tornariam "foras da lei", bárbaros, inimigos; dizendo de outro modo, a classe operária, tão logo agisse como classe, seria proscrita. Estava-se longe, muito longe das declarações da CFDT[2] numa resolução do Bureau Nacional, em 1970: "Longe de confortar a sociedade capitalista, a greve deve, ao melhorar a situação imediata dos trabalhadores, contribuir para desequilibrar o sistema, abrindo a possibilidade de um novo avanço rumo a uma sociedade socialista".

O segundo exemplo era o das grandes inovações da Liberação, que permitiam aos trabalhadores se organizar no próprio seio da empresa: criação do comitê de empresa em 1945, dos delegados do pessoal em 1946, da seção sindical de empresa em 1968. Ora, essas instituições, progressistamente, haviam se transformado em aparelhos de discussões e os sindicatos e delegados do pessoal haviam sido conduzidos a gerir os trabalhadores com base num modelo empresarial; eles seriam encarregados, em suma, de lhes enquadrar, como havia dito o jurista Charlier, "formando uma direção qualificada, que manterá a ordem no movimento, com a qual se negociará, da qual se poderá pedir contas". E aqui, de novo, a luta de classes havia fracassado. Quando Georges Marchais declarou, em 1976, no XXII Congresso do Partido: "A empresa tornou-se não somente o lugar privilegiado da luta econômica, mas da própria batalha política... É a princípio e antes de tudo na empresa que se ganhará a batalha para dar a nosso Partido o lugar que lhe cabe na vida nacional", Giscard d'Estaing, Presidente da República, retorquiu-lhe em 5 de janeiro de 1977 que essa "tentativa de politização das empresas é contrária à natureza da empresa, que deve permanecer um local de trabalho, conservando sua situação de neutralidade política, e onde as preocupações dos trabalhadores se exprimem pela voz das organizações sindicais e pelas instituições representativas da vida das empresas". O credo de uma democracia liberal deveria prevalecer no interior das empresas.

Devo dizer que essa abordagem suscitou uma verdadeira revolta. Lembro-me de que, quando expus minhas teses na Escola Normal Superior, onde lecionava na época, a companheira de Althusser, antigo membro da resistência e cegetista[3] ardorosa, interpelou-me violentamente e me chamou de reacionário, de traidor e de mercenário da burguesia... Louis Althusser manteve prudentemente o silêncio. Em resumo, este livro foi retirado de cena, e apenas um jornal anarquista lhe fez apologia.

---

[2] Confederação Francesa Democrática do Trabalho. (N. T.)
[3] Militante da CGT, a Confederação Geral do Trabalho. (N. T.)

Então, o que se pode dizer dele hoje? Que ele era premonitório, mas que a realidade o ultrapassou? Sim e não. Sim, porque o desmoronamento do comunismo se produziu com uma rapidez que me surpreendeu. Dez anos após este livro, assistia-se à ruína da URSS, a seu desmantelamento anunciado pela queda do muro de Berlim em 1989. A China se convertia ao mercado e se tornou a segunda potência econômica mundial. Muito recentemente, Cuba e os Estados Unidos retomaram relações e começaram a negociar o processo de suspensão do embargo. Ninguém mais crê no comunismo, ninguém mais crê na luta de classes. Eu havia, então, antecipado o fim de nossa última utopia; havia mesmo dito adeus aos "amanhãs que cantam" e já estava nos "amanhãs que choram".

Mas, sobretudo, parece-me que minha decodificação jurídica da realidade político-econômica conservou todo o seu valor. Parece-me ainda que o direito é um posto de observação insubstituível para "ler" a evolução do mundo, atualizar suas forças secretas. A tal ponto que é ainda graças ao direito que posso descrever, subsequentemente, a desagregação da classe operária, da luta de classes, da oposição capital/trabalho, de todos aqueles conceitos que sustentavam a ação revolucionária. Apontei, assim, a submissão do direito do trabalho ao direito da concorrência e o nascimento de um novo "Contrato social", em que os trabalhadores serão "recompensados" na medida dos esforços com os quais consentem pela boa saúde da empresa que os emprega – o trabalhador foi reduzido a "capital humano"[4]. Tudo é válido para justificar essa "redução", e os representantes do patronato francês não se privam de fazer a apologia do "espírito de empresa", essa nova "virtude republicana", que designa, a um só tempo, o senso de responsabilidade e de iniciativa, o voluntarismo e a obstinação e pode caracterizar o engajamento de todos na sociedade, quer seja assalariado, funcionário, artista, desempregado, artesão, esportista, de tal sorte que esse valor fala a todos os franceses e apela àquilo que eles têm de melhor a dar na função ou no lugar em que se encontram.

O papel do Estado seria, então, "o de favorecer a eclosão e o florescimento [dessa 'virtude republicana'] em todos os registros da vida social, desde a escola até o coração das empresas". Tal seria o projeto republicano "suscetível de extrair do espírito de empresa o bastante para devolver à França sua coesão, sua altivez e sua prosperidade"[5]. Qual seria uma das traduções principais desse projeto? Uma

---

[4] Conferir cronologicamente: Bernard Edelman, "A bas le droit du travail, vive la concurrence", *Recueil Dalloz*, 1992, cron. p.1; idem, "Où la concurrence sera la genre humain", *Recueil Dalloz*, 2000, cron. p. 261; "Droit du travail, droit de la concurrence: Un nouveau Contrat social", *Recueil Dalloz*, 2009, cron. p. 1.547.

[5] Léonidas Kalogeropoulos, "La loi Macron, ou la défense de l'esprit d'entreprise", *Le Monde Économique & Entreprise*, 15 jan. 2015.

reforma do direito do trabalho que será debatida em breve na Assembleia Nacional. Em poucas palavras, tratar-se-ia de substituir o contrato de trabalho que protege o mais frágil – o trabalhador – contra o mais forte – a empresa –, impondo-lhe contrapartidas – regulação das dispensas, respeito das convenções coletivas –, por um contrato de direito comum em que tudo se negocia, por mútuo acordo, com plena independência. Animados pelo mesmo "espírito de empresa", os contratantes operariam pelo bem comum. "Eis que estamos, portanto, frente a um projeto de mutação jurídica mascarado, mas deliberado, técnica e essencialmente pró-Medef [principal sindicato patronal] e bem pouco 'socialista'."[6] O proletário tornou-se um individualista.

E foi, além disso, sem surpresa que esse individualismo foi ampliado pela Corte Europeia de Direitos Humanos, que elaborou o homem de mercado[7]. Animado pelo espírito de empresa, ele vê a si mesmo como um capital que é preciso frutificar; ele é egoísta, hedonista, e sua única preocupação é a de construir seu destino numa sociedade "aberta" e tolerante. A profecia do jovem Marx se realizou:

> Veio um tempo em que tudo aquilo que os homens consideravam inalienável tornou-se objeto de troca, de tráfico, podendo alienar-se. Trata-se do tempo em que as próprias coisas que, até então, eram transmitidas, mas jamais trocadas, oferecidas, mas jamais vendidas, conquistadas, mas jamais compradas – virtude, amor, opinião, ciência, consciência etc. – onde tudo, enfim, passa pelo comércio.[8]

Esse tempo chegou e o outro tempo com o qual sonhava Marx se transformou em pesadelo.

Correndo o risco de me repetir, penso que o interesse de meu livro está em ter, modestamente, demonstrado que o direito cristaliza todas as evoluções sociais, políticas, econômicas, ideológicas; que ele é o instrumento crítico, talvez o mais eficaz, para decodificar uma civilização. Cabe ao leitor julgá-lo.

Bernard Edelman
Paris, janeiro de 2015

---

[6] Gérard Filoche, "Pourquoi changer l'article 2064 du Code Civil?", *Le Monde Économique & Entreprise*, 15 jan. 2015.
[7] Bernard Edelman, "La Cour Europénne des droits de l'homme et l'homme du marché", *Recueil Dalloz*, 2011, cron. p. 897.
[8] Karl Marx, *Misère de la philosophie* (Paris, Éditions Sociales, 1972), p. 64 [ed. bras.: *Miséria da filosofia: resposta à Filosofia da miséria do Sr. Proudhon*, trad. José Paulo Netto, São Paulo, Expressão Popular, 2009].

Nota dos tradutores

No título original da obra, *La Légalisation de la classe ouvrière. Tome 1: L'Entreprise* [A legalização da classe operária. Tomo 1: A empresa], Bernard Edelman deixa expressa sua intenção de desenvolver outros aspectos da legalização da classe operária, além de sua inserção no âmbito da empresa, da qual trata, mais especificamente, este volume. Na Conclusão, por exemplo, o autor faz referência, de forma bastante incipiente, à figura do Estado e de seu papel nesse processo de legalização, anunciando ao leitor que haveria uma próxima parte da obra na qual abordaria o tema nessa outra esfera. Como esse projeto, por razões que pertencem ao autor, não foi adiante, optou-se, nesta edição, pela exclusão do subtítulo.

Introdução

A QUESTÃO DO "DIREITO OPERÁRIO"

Empiricamente, o que sabemos sobre a temível e pouco conhecida questão da "legalização" da classe operária? Muitas coisas e nada. Muitas coisas, porque basta abrir os tratados de direito do trabalho ou de história do movimento operário para ver desdobrar-se majestosamente uma longa série de "conquistas": Lei de 1864, revogando os Artigos 414 e 415 do Código Penal, que definiam o delito de coalizão; Lei de 1884, que concede a liberdade de associação no domínio profissional; preâmbulo da Constituição de 1946, que enuncia que "o direito de greve se exerce nos limites das leis que o regulam"; Lei de 11 de fevereiro de 1950, que reconhece explicitamente que "a greve não rompe o contrato de trabalho".

E uma multiplicidade de leis "especiais": sobre a duração do trabalho (leis de 19 de maio de 1874, 2 de novembro de 1892 e 30 de março de 1900), sobre o repouso semanal (Lei de 13 de julho de 1906), sobre a higiene e a segurança (Lei de 12 de junho de 1893), sobre os acidentes do trabalho (Lei de 9 de abril de 1898). Sem contar a lei sobre o aviso prévio (27 de dezembro de 1890), as reformas sobre a arbitragem (31 de dezembro de 1936), a semana de trabalho de quarenta horas (21 de junho de 1936), as férias remuneradas (20 de junho de 1936), e as grandes inovações da Libertação: os comitês de empresa[1] (disposição de 22 de fevereiro de 1945), os representantes de pessoal[2] (Lei de 16 de abril de 1946), até as recentes

---

[1] O "Comitê de Empresa" ("Comité d'entreprise") tem atribuições econômicas, assim como sociais e culturais. Sua formação é obrigatória nas empresas com cinquenta empregados ou mais. A matéria é hoje disciplinada pelos Artigos 2321-1 a 2328-2 do Código do Trabalho francês. Deve ser ressaltada a regra legal segundo a qual, nas empresas com menos de duzentos empregados, pode ser formada uma "délégation unique du personnel" ("representação única de pessoal"), que reúne as atribuições dos representantes do pessoal e do Comitê de Empresa (Artigos L2326-1 a L2326-3 do Código do Trabalho francês). (N. T.)

[2] A eleição dos "representantes do pessoal" ("délégués du personnel") deve ser obrigatoriamente organizada nas empresas com onze empregados ou mais. Suas principais missões são: representação

conquistas de maio de 1968 (Lei de 27 de dezembro sobre a seção sindical da empresa[3] e, mais ainda, a reforma da aposentadoria).

Essa enumeração – não exaustiva, é claro – é impressionante, e ninguém ousaria dizer que não significa nada essa conquista progressiva de uma "grande carta", como disse Marx. E, no entanto, embora saibamos que algumas dessas leis são resultado de uma violenta luta de classes, não sabemos nada dos *efeitos* desses resultados.

É claro. A lei sobre as férias remuneradas é a lei sobre as férias remuneradas, a seção sindical da empresa é a seção sindical da empresa, como um gato é um gato, e suponho que alguém me olharia com perplexidade porque falo de "efeitos". De que "efeitos" se poderia tratar?

É por isso que eu gostaria de recordar duas coisas, uma bem conhecida e outra um pouco menos.

Muitas dessas "vitórias" foram necessárias para manter em "boa saúde" a classe operária, e Marx, em seu tempo, demonstrou que o Estado inglês foi muitas vezes obrigado a intervir contra os excessos de seus capitalistas. Um autor ingenuamente entrega o ouro: "O legislador começou, com razão, a interessar-se pela saúde e pela vida do operário: as leis sobre o trabalho das crianças e das mulheres nas manufaturas (1874-1892), sobre a higiene e a segurança dos trabalhadores (1893) etc., refletem essa preocupação"[4].

Isso é bem conhecido. Mas o que é menos conhecido é que a classe operária pode ser "desencaminhada", precisamente por suas próprias "vitórias", que podem apresentar-se também como um processo de integração ao capital. A "participação" nunca esteve ausente da estratégia da burguesia, e há veneno em seus "presentes".

A luta de classes não é simples, como bem se presume; e ela é menos simples na medida em que tudo concorre para embaralhar as coisas; e, quando digo "tudo",

---

do pessoal junto ao empregador, a fim de transmitir reclamações individuais ou coletivas relativas à aplicação da legislação trabalhista; assim como de consulta (quando não há Comitê de Empresa) sobre, notadamente, as dispensas por motivo econômico, o tempo de trabalho (horas extras etc.), a formação profissional. A matéria é hoje disciplinada pelos Artigos 2311-1 a 2316-1 do Código do Trabalho. (N. T.)

[3] A lei não fixa a princípio nenhuma condição formal para a constituição de uma "Seção Sindical de Empresa" ("Section syndicale d'entreprise"), deixando aos aderentes do sindicato da empresa o encargo de constituí-la, no limite de uma Seção Sindical por "Sindicato Representativo" ("Syndicat représentatif") na empresa, a fim de representar "os interesses materiais e morais de seus membros" (Artigo L2141-1 do Código do Trabalho francês). Na prática, considera-se que a Seção Sindical é formada quando é designado um "delegado sindical" ("délégué syndical"). Este é designado por um sindicato representativo e também, desde 20 de agosto de 2008, por um sindicato que ainda não provou sua representatividade. A matéria é hoje disciplinada pelos Artigos 2142-1 a 2142-1-4 do Código do Trabalho francês. (N. T.)

[4] Adrien Sachet, *Traité théorique et pratique de la législation sur les accidents du travail et les maladies professionnelles* (8. ed., Paris, Sirey, 1934), t. 1, p. 3.

refiro-me, é claro, à ideologia "dominante"; e, quando digo ideologia "dominante", com certeza não me refiro a uma "falsa consciência", a uma visão "invertida" que deveríamos colocar em pé, mas mais precisamente a um complexo de aparelhos (sindicatos, partidos, escola...), isso a que Althusser chamava, não faz muito tempo, de "aparelhos ideológicos de Estado".

Portanto, quando digo que "tudo" está ali para desviar a luta de classes, quero dizer, por exemplo, que as lutas operárias estão, elas mesmas, enclausuradas nesses aparelhos, elas se desenvolvem nessas estruturas e essas estruturas provocam efeitos sobre o combate da classe operária.

É por isso que, se nos limitarmos a compreender o movimento operário por suas "conquistas" legais, não há dúvida de que faremos, então, a "história jurídica" e, desse modo, reproduziremos o ponto de vista da burguesia.

O que é, então, de fato uma "história jurídica" do movimento operário? Bem, é uma "história" que se apresenta como o ajuste permanente da relação capital/trabalho *na própria estrutura da lei*, ou melhor, que considera a relação capital/trabalho uma *relação jurídica*, uma relação entre "sujeitos". E nós não conhecemos muito bem os efeitos que tal relação pode engendrar.

Por exemplo, se por um lado podemos nos orgulhar do "poder" jurídico que a classe operária conquistou, por outro podemos perguntar de que *natureza* é esse poder, visto que é jurídico. Dito de outro modo, se a lei (burguesa) dá "poder" à classe operária, de que poder exatamente se trata?

Concordamos prontamente que só pode tratar-se do "poder burguês", outorgado por um "direito burguês"; porque concordamos facilmente que o direito burguês não pode dar nada além do "poder burguês", isto é, uma forma específica de organização e de representação, estruturada pelo direito, precisamente, e que o reproduz.

Devemos nos livrar de uma vez por todas da ilusão tenaz de um "direito operário" que manteria distância do direito burguês, que seria um tubo de ensaio em que se elaboraria um "novo direito". Tradicionalmente, os especialistas têm empregado seus esforços nesse sentido. É necessário, dizem esses especialistas, autonomizar o direito do trabalho, dar-lhe seus títulos, reconhecer sua especificidade. Ele é, continuam eles, um direito coletivo, um direito de massa, para as massas, que já não tem nada – ou tem cada vez menos – a ver com o direito "comum", leia-se, o direito civil. Desse esforço nasceu o "socialismo dos juristas", que se perpetua até hoje sob as espécies sutis e técnicas das relações entre direitos: direito do trabalho/direito civil, direito do trabalho/direito comercial, direito do trabalho/direito público...

Como se o trabalho estivesse "do lado" do capital e do Estado! Como se o "direito operário" não fosse o direito burguês *para* o operário! E como se, enfim, milagrosamente, o direito do trabalho fosse uma zona juridicamente "protegida"!

Não existe o "direito do trabalho"; existe um direito burguês que se ajusta ao trabalho, ponto-final.

E se fosse necessário ir até o fim dessa ilusão, fustigada por Engels, lá estaria a fonte desta outra ilusão que conhecemos pelo nome de "direito socialista". Porque o "direito socialista" se apresenta, afinal de contas, como o desenvolvimento do "nosso" direito do trabalho, como sua extrapolação final. Ilusão que produz os danos que já conhecemos.

Não gostaria que me acusassem de "achatar" tudo, nem que me opusessem este fato "evidente": o direito do trabalho é o direito das "massas", o direito civil, o direito dos "sujeitos", o direito comercial, o direito das sociedades, o direito público, o direito do Estado... Tudo isso é justo, mas ao rés do chão. Porque, se é "verdadeiro" que nas relações de trabalho o direito é *diretamente* confrontado com os trabalhadores, também é verdadeiro que esse confronto se faz em nome dos "grandes princípios" do nosso direito... todos os direitos combinados. E, por "grandes princípios", quero dizer o Homem, a liberdade, a igualdade, a propriedade privada.

Não devemos nos iludir, e ver as coisas um pouco de cima; o pior erro que podemos cometer é nos cegar para a *coerência orgânica* do direito. Não há dúvida de que, um dia, teremos de fazer a teoria da divisão do direito em ramos relativamente autônomos, eu seria o último a contestar esse fato; mas deverá tratar-se, então, de uma teoria das diferenças, isto é, de uma teoria da unidade que se dá nas diferenças, enfim, de uma teoria que nos permita compreender como a divisão do trabalho jurídico reproduz, a sua maneira, a divisão do trabalho.

Exemplo. A empresa, como todos sabem, pode ser considerada do ponto de vista do direito do trabalho, do direito da seguridade social, do direito comercial, do direito das obrigações, do direito penal, do direito tributário e até, em certas condições, do direito público... Ora, que efeitos produzem esses diferentes pontos de vista? Um recorte jurídico-econômico da unidade da empresa, que isola, em seu domínio, cada uma de suas atividades. Que surpreendente, então, que não possamos mais captar, na empresa e do ponto de vista jurídico, como esses diferentes direitos reproduzem as diferentes etapas da circulação do capital! Que surpreendente, ainda, que os especialistas do direito do trabalho, que, no entanto, devem lidar primordialmente com as formas jurídicas de extorsão do mais-valor, sejam completamente incapazes de pôr em seu devido lugar essas diferentes relações – da extorsão do mais-valor à venda da mercadoria – e, sobretudo, sejam completamente incapazes de descobrir no direito do trabalho o "segredo" do capital, em sua expressão jurídica!

Esse é também um dos efeitos da luta de classes no direito.

E, já que falei de luta de classes *no* direito, gostaria de me explicar um pouco mais. Porque talvez não haja questão mais obscura e confusa que a questão do Estado. Embora, se refletirmos bem, a dificuldade dessa última questão resulte também da interferência jurídica. Outro efeito da luta de classes.

O que entendemos, então, por luta de classes no direito? À primeira vista, é algo muito simples. Se dizemos, em geral, que o direito é a organização das relações sociais e que ele registra a própria evolução dessas relações, então toda mudança nessas relações deve ser formalizada no direito. A luta de classes pode assumir a forma jurídica.

Essa simplicidade contém certa verdade: não há dúvida de que a classe operária conquistou "direitos"; não há dúvida de que esses direitos a "protegem", e nisso se tem um ponto sem volta.

No entanto, consideremos um pouco mais de perto essa "simplicidade". Ela não é assim tão simples. Por exemplo, supõe que o direito é uma forma de organização necessária e insuperável, que não podemos pensar "fora do direito"; supõe ainda que o direito tal como é, isto é, tal como o conhecemos, é suscetível de variar infinitamente, numa mesma coerência; supõe, em último caso, a possibilidade de uma revolução *no* direito.

Posso aceitar isso, mas nesse caso seria necessário dizer claramente que as massas têm apenas uma existência jurídico-política, são representadas somente nas estruturas do direito e seu único "poder" é um "poder de direito", exercido nos "limites das leis".

Posso ainda aceitar isso, mas desde que se diga que a legalização da classe operária *não é* o principal efeito da política conduzida, há mais de um século, pela classe no poder; que o enquadramento das massas pela violência (pelo aparelho repressivo do Estado) e pela ideologia (aparelhos ideológicos de Estado) é uma "ilusão", como seria "ilusão" a torção que experimentam as organizações de massas ao ser estruturadas e reguladas pelo direito, ao mesmo tempo que defendem os interesses do proletariado. E como dar conta dessa torção se não a vemos, seja pela negação ou pela mais pura das fantasias? E como não a ver, quando basta ler os textos para ver; tomam-se tratados, repositórios de jurisprudência, e desdobram-se todas as grandes categorias do direito burguês, a forma sujeito de direito, que não é nada mais do que o trabalhador que pertence a si mesmo, a forma monetária (o salário), a forma contratual (o contrato de trabalho) e todas as formas das "relações coletivas" (o estatuto jurídico das massas), violentas (a greve) ou aparentemente não violentas (convenções coletivas).

Em suma, no "direito do trabalho", está todo o mistério do direito burguês que se transforma em seu lugar verdadeiro; a tal ponto que este "direito" pareceu por muito tempo "vil e vergonhoso", pareceu de uma raça jurídica inferior, uma imitação de direito como o operário era uma imitação de homem.

Então, abandonemos todas essas velhas histórias obsoletas de relações "técnicas" entre diferentes direitos. Histórias de outro mundo, assombradas por pesadelos em que as massas são os "suportes" do direito, e que advenha a crítica revolucionária.

Também a questão acerca da natureza do poder jurídico outorgado à classe operária não pode ser resolvida por essas infantilidades "técnicas". E creio que concordarão comigo que essa questão é de relevo; que está, em certo sentido, no coração da luta de classes sob sua forma "moderna"; e mais: que designa a iminência e a necessidade da crise do marxismo.

E que não venham me dizer que não devemos confundir as vitórias legais com o projeto dos partidos políticos; que, de um lado, a classe operária pode marchar adiante na legalidade, mas, de outro, está pronta para o socialismo. Pois é necessário esclarecermos este ponto: como podemos agir politicamente com uma classe operária "legalizada", como a formação para a legalidade pode ser também uma formação para o socialismo e como, enfim, podemos efetuar, no interior mesmo da classe operária, a separação entre o poder legal e o poder político?

Não duvidemos: a astúcia do capital é dar à classe operária uma língua que não é a sua, a língua da legalidade burguesa, e é por isso que ela se exprime gaguejando, com lapsos e hiatos que às vezes rasgam o véu místico (Maio de 1968 na França). Proponho-me estudar essa língua, sua sintaxe, seu vocabulário. Não em geral, em fórmulas abstratas e mecanismos retóricos, mas naquilo em que ela violenta a classe operária. Em outras palavras, estudarei os chamados "conflitos coletivos de trabalho". Eufemismo para não nomear as ações violentas às quais a classe operária é obrigada a recorrer.

De que se trata nesses "conflitos"? Bem, simplesmente de seu "enquadramento", de sua "legalização"; e, confessemos, a tarefa não é fácil, pois é característico das lutas operárias precisamente escapar a toda legalização, a toda circunscrição. Em suma, o direito não pode, estruturalmente, apreendê-las como são.

Assistiremos, então, a uma incrível sofística, da qual dou ao leitor o esquema: para o direito, as lutas operárias são "fato" que cumpre transformar, a todo custo, em "direito". A contradição se exprime então, em direito, na relação do fato e do direito.

Será necessário adotar essa terminologia um pouco delirante, porque é ela que comanda todo o meu propósito.

Consideremos a greve, que será meu primeiro objeto de estudo. Como o direito fez a greve chegar à posição de direito; como a tirou do inferno do "fato" para constituí-la como categoria jurídica, como "direito de greve", justamente; e que preço se paga por essa existência jurídica? Pois, veremos, a greve tornou-se um "direito" sob a única condição de submeter-se ao poder jurídico do capital, tanto na "sociedade civil" como no Estado. Tornou-se um direito sob a condição de ser medida pela régua do direito das obrigações (contrato de trabalho) e do direito de propriedade (propriedade dos meios de produção). É a esse preço que ela passa a integrar o "horizonte limitado do direito burguês".

Mas, ao regular a greve, a burguesia não deixa por menos: resta-lhe cercar as organizações de massa, os sindicatos, e aí assistimos a uma estratégia muito fina. Confrontada com o "fato" sindical, a burguesia utiliza todas as armas para transformá-lo em aparelho ideológico de Estado. Como? Outorgando-lhe um "poder" que reproduza seu próprio poder; um poder de direito, é claro, mas somente na medida em que os sindicatos existam na legalidade; mas um poder de fato, sobretudo, na medida em que esses mesmos sindicatos deverão presumivelmente representar as massas.

Assim, o sindicalismo é atravessado de parte a parte pela legalidade, obscura e, com frequência, irrefletidamente. Tentarei esclarecer esse ponto cego – o poder de fato dos sindicatos – pois dele depende a compreensão das formas modernas da luta de classes.

Primeira parte

CLASSE OPERÁRIA E PODER BURGUÊS

Que o capital toma a forma jurídica, sabemos há muito tempo, e basta, a esse respeito, reportar-se a Marx, a suas análises sobre a duração da jornada de trabalho, sobre a maquinaria e a grande indústria e, melhor ainda, a sua análise da relação circulação/produção.

Mas o que Marx não demonstra em detalhes, e o que os marxistas têm ignorado maravilhosamente, são os mecanismos jurídicos que asseguram concretamente o poder jurídico do capital. Pois não basta remeter ao estatuto das sociedades anônimas ou à "ficção" contratual para pretender estar livre dessa questão.

Vendo as coisas de perto, não sabemos muito bem como e sob que formas jurídicas precisas se opera a extração de mais-valor. E essa semi-ignorância nos cega para a própria força dessas formas, dessas técnicas, para sua eficácia concreta e ideológica. Por exemplo, sabemos verdadeiramente em que o contrato de trabalho está ligado ao capital e como o direito de propriedade está ligado ao contrato de trabalho?

Não sabemos nada verdadeiramente, afora as banalidades com que nos cumulam: o contrato de trabalho introduz uma "falsa" igualdade entre as partes, a "vontade" do operário é uma "ficção"... trivialidades com que nos contentamos preguiçosamente por falta de ir ver na prática como as coisas se passam de fato. E nossa ignorância é tão grande que nos esquecemos de que as críticas dos programas de Gotha e de Erfurt são apenas um extraordinário desmonte de todas as ilusões *jurídicas* com as quais se pode satisfazer impunemente um partido social-democrata. Vejam-se *todas* as críticas sobre a noção de "trabalho" ou de Estado livre; elas miram as ilusões jurídicas.

É por isso que, antes de empreender meu estudo sobre a legalização da greve, gostaria de dizer algumas palavras sobre o poder jurídico do capital e as técnicas pelas quais ele se produz e se reproduz.

O PODER JURÍDICO DO CAPITAL

Quando grevistas ocupam os locais de trabalho, fora do horário de trabalho, eles cometem uma falta. Até uma criança diria por que: eles não são "proprietários" das máquinas, dos edifícios, enfim, das "ferramentas de trabalho" ou, se o leitor preferir, dos meios de produção.

E, desde sempre, os tribunais afirmaram claramente o princípio. Diz uma decisão de tribunal sobre a expulsão de grevistas:

> Considerando[1] que o direito de propriedade, proclamado pela Declaração dos Direitos do Homem e do Cidadão, inviolável e sagrado, está entre os direitos imprescritíveis do homem, tendo sido reconhecidos como tais pelo Código Civil, notadamente no Artigo 544[2]; considerando que ele comporta o direito de usar e dispor das coisas da maneira mais absoluta e que seus elementos são perceber os frutos, retirar de tal coisa uma utilidade definitiva, consumi-la e mesmo deixá-la improdutiva.

E, decidindo sobre a demanda de grevistas que alegavam que a ocupação fora realizada apenas "para obter a elevação de seus salários", o tribunal respondeu:

> tais manobras não podem encontrar sua origem nos dispositivos legais, notadamente na Lei de 25 de maio de 1864, que permite aos operários unir-se para obter uma melhoria de salário que assegure sua vida e a de sua família e suprime dos Artigos 414, 415 e 416 do Código Penal[3] o delito de coalizão, essas disposições legais não podem permitir a ocupação dos locais de trabalho nem constituir a abolição do direito de propriedade ou um obstáculo, mesmo que momentâneo, a tal direito; considerando que os referidos ocupantes estão sem título e sem direito.[4]

---

[1] Não existem propriamente regras formais quanto à redação dos julgamentos ("jugements") dos tribunais e dos acórdãos ("arrêts") do Tribunal de Apelação e da Corte de Cassação; todavia, a prática constante é que a apresentação das pretensões e argumentos das partes na decisão seja constituída de uma só frase, na qual as proposições subordinadas (separadas por ponto e vírgula) são introduzidas por "Attendu que..." (no sentido de "visto que"). A formulação: "Considérant que..." não é hoje tão usada pelos tribunais civis, mas ainda o é pelo Conselho de Estado. Não obstante a distinção anterior, em vista da maior facilidade de compreensão do texto em português, optou-se por iniciar todas as razões das sentenças destacadas pelo autor com a expressão "Considerando que". (N. T.)

[2] Artigo 544 do Código Civil francês, criado pela Lei de 6 de fevereiro de 1804: "A propriedade é o direito de usar e dispor das coisas da forma mais absoluta, desde que não seja feito um uso proibido pelas leis ou pelos regulamentos". (N. T.)

[3] Esses artigos, que codificavam o delito de coalizão criado pela Lei Le Chapelier, promulgada em 14 de junho de 1791, foram revogados pela Lei Émile Ollivier de 25 de maio de 1864. (N. T.)

[4] Tribunal Civil de Chateau-Thierry, 11 jul. 1936, *La Gazette du Palais*, 2.235. [Com a reforma da organização judiciária francesa em 1958, por meio de vários decretos, os "tribunais civis" ("tribunaux civils"), herdados da Revolução Francesa, passaram a ser chamados de "tribunais de grande

Esta é a perspectiva da propriedade privada. E, se olharmos pela perspectiva do contrato de trabalho, a resposta é a mesma. Diz o Tribunal Civil de Pau:

> Considerando que, independentemente de indagar se a greve acompanhada de ocupação dos locais de trabalho pelos operários ou empregados constitui uma quebra do contrato de trabalho, é certo que, no estado atual da legislação francesa, o contrato de locação de obras[5] não confere ao assalariado direito algum sobre os imóveis onde é explorada a empresa nem sobre os móveis, as mercadorias e os utensílios que servem a essa exploração; daí resulta que, quaisquer que sejam as pretensões, ainda que legítimas, dos assalariados a uma melhora de sua sorte, falta-lhes título legal ou convencional para obstar o exercício do patrão de seus direitos de detenção e administração dos bens destinados à exploração de sua empresa e, por consequência, para manter-se sobre esses bens, apesar da vontade do patrão e, sobretudo, fora das horas de execução do trabalho.[6]

E um tribunal de apelação, em um acórdão recente, ligou perfeitamente a propriedade privada e o contrato de trabalho.

> Considerando que a locação de serviços é um contrato sinalagmático; que, em caso de greve, o empregador, proprietário de suas instalações e dispondo sobre elas da plenitude dos direitos reconhecidos pela Constituição e pelo Artigo 544 do Código Civil, pode portanto, pelo simples uso da exceção "non adimpleti contractus", opor-se a que os grevistas usem de seu direito normal de entrar nas dependências da fábrica, já que seu direito tem por fundamento o contrato de trabalho e que os assalariados, por sua vez, cessaram temporariamente de executar suas obrigações.[7]

O que nos revela, então, a ocupação dos locais de trabalho pelos grevistas? Simplesmente que o contrato de trabalho e o direito de propriedade são uma única e mesma coisa. Se, por um lado, o trabalhador tira seu "direito" normal de penetrar nas dependências da fábrica tão somente de seu contrato de trabalho e se, por outro, esse direito cessa assim que o contrato é suspenso (greve), é preciso deduzir logo que o trabalhador não tem outro "direito" que não seja o de vender sua força de trabalho e receber o "preço" sob a forma de salário. Deduziríamos, assim, que o salário, "preço do trabalho", completa o trabalhador com seus direitos. E é preciso deduzir, enfim, que o contrato de trabalho reproduz, em sua técnica própria, a relação capital/trabalho.

---

    instância" ("tribunaux de grande instance"). Estes são os tribunais de primeiro grau da ordem judiciária civil francesa atual. O segundo grau é composto pelos "tribunais de apelação" ("cours d'appel"). A última instância é a "corte de cassação" ("cour de cassation"); ver nota 23. (N. T.)]

[5] O "contrato de locação de obras" ("contrat de louage d'ouvrage") do Artigo 1.179 do Código Civil francês constitui gênero, que inclui notadamente a espécie de "contrato de locação de serviços" ("contrat de louage de service"), inserido no parágrafo 1º do artigo referido. (N. T.)

[6] Tribunal Civil de Pau, 9 jul. 1936, *La Gazette du Palais*, 1936, 2.237.

[7] Tribunal de Apelação de Pau, 30 jun. 1970, *Recueil Dalloz*, 1970.

Como isso se dá? Examinemos sucessivamente o contrato de trabalho e o direito de propriedade à luz da relação capital/trabalho.

Na ideologia do contrato de trabalho, o trabalhador vende "trabalho", não força de trabalho, mas trabalho, isto é, a forma-mercadoria da força de trabalho. Em contrapartida, ele recebe um salário, isto é, o preço de seu trabalho. "Segundo todas as aparências, o que o capitalista paga é o valor da utilidade que o operário lhe dá, o valor do trabalho – e não o da força de trabalho que o operário não parece alienar."[8]

Ora, o direito, que é expressão organizada das "aparências" (do mercado), faz funcionar precisamente todas as categorias da circulação: ele conhece apenas o trabalho – expressão jurídica da força de trabalho; conhece apenas o preço do trabalho – expressão jurídica da extorsão do mais-valor; conhece, enfim, apenas o homem – expressão jurídica do trabalhador.

O homem, o trabalho e o salário estão organicamente ligados no contrato de trabalho, e toda a jurisprudência – e não apenas a jurisprudência, mas toda a economia política vulgar – tomará como dados esses elementos, sem poder tocar *estruturalmente* no essencial, no "segredo": a extorsão do mais-valor.

A partir do momento que o contrato de trabalho é um contrato de venda do trabalho, cuja contraprestação é o salário; a partir do momento que "a relação monetária oculta o trabalho gratuito do assalariado"[9], a relação real entre capital e trabalho torna-se "invisível". É na forma salário – que o contrato de trabalho torna tecnicamente eficaz – que "repousam todas as noções jurídicas, tanto do trabalhador como do capitalista, todas as mistificações do modo de produção capitalista, todas as suas ilusões de liberdade, todas as tolices apologéticas da economia vulgar"[10].

Vejamos as coisas pelo lado do direito de propriedade. Para o direito, os meios de produção são objetos de propriedade, aparecem como "coisas" autônomas, dotadas da estranha faculdade de "nascer" de um título – o título de propriedade ou a "origem da propriedade" – e, portanto, de aumentar por si mesmas. Com efeito, uma vez que o "título" cria a coisa, e a substância da coisa é seu próprio sinal, seu crescimento é apenas um desenvolvimento de sua própria substância,

---

[8] Karl Marx, *Le Capital*, L. I, t. II, p. 211. [Essa passagem, que consta da edição francesa de 1867 d'*O capital*, reformulada por Marx e considerada não exatamente uma tradução, mas uma edição independente, tem uma formulação um tanto diferente da que se encontra em edições alemãs do livro. Como a edição publicada pela Boitempo, citada a partir da nota seguinte, tem como base a quarta edição alemã, editada por Engels e publicada em Hamburgo em 1890, preferimos, aqui, fazer uma tradução direta do original francês: "D'après toutes les apparences, ce que le capitaliste paie c'est donc la valeur de l'utilité que l'ouvrier lui donne, la valeur du travail – et non celle de la force de travail que l'ouvrier ne semble pas aliéner". (N. E.)]

[9] Idem, *O capital*, Livro I (trad. Rubens Enderle, São Paulo, Boitempo, 2013), p. 610.

[10] Ibidem.

um sinal a mais. Toda a teologia e toda a contabilidade ensinam: só se pode criar a partir de si *mesmo*.

Assim, quando as "coisas" são produtivas, quando oferecem lucro ou, tecnicamente, "frutos", esses frutos pertencem a quem os produziu: a própria "coisa". Da mesma forma que a maçã pertence à macieira, o lucro pertence ao objeto de propriedade.

É claro que é necessário "trabalho" para valorizar essas coisas, porque as coisas não trabalham sozinhas; mas essa valorização pelo trabalho apresenta-se também como um desenvolvimento da "coisa"; o trabalho anima a substância da coisa, ele a faz trabalhar e, ao fim da operação, a coisa é maior que ela mesma; o "título" aumentou. Esse é o "mistério" da fórmula D-D' do capital portador de juros.

É por isso que, numa lógica estritamente jurídica, o próprio trabalho não é frutífero: ele é uma "locação de obras ou de indústria" (Artigo 1.779 do Código Civil)[11]. "O Código Civil, que fala há muito tempo dos frutos dos bens, cala-se sobre os frutos do trabalho. Dá-lhe apenas um papel auxiliar: permite-lhe apenas tirar *dos bens* o que ele chama de 'frutos industriais'"[12].

Podemos compreender agora como o contrato de trabalho reproduz o direito de propriedade, e como o direito de propriedade reproduz o contrato de trabalho. De um lado, o contrato de trabalho aparece como uma técnica de venda do "trabalho", que só dá direito a um salário; de outro, o proprietário dos meios de produção compra a força de trabalho sob a forma de salário e a incorpora juridicamente à sua propriedade.

No final das contas, a relação capital/trabalho resolve-se numa relação de título: título de trabalho em oposição a título de propriedade.

Assim, quando combinam contrato de trabalho e propriedade privada, os tribunais reproduzem de fato a separação do trabalhador de seus meios de produção.

O que é, então, o poder jurídico do capital? Nada além disto: a dupla forma do contrato de trabalho e do direito de propriedade. E, quando digo "dupla forma", devemos nos entender, porque seria mais exato dizer "forma desdobrada" do capital. Do ponto de vista do operário, o capital toma a forma do contrato de trabalho; do ponto de vista do patrão, ele toma a forma do direito de propriedade. Mas é exatamente uma forma desdobrada, pois sua unidade não é nada além do capital sob a forma do direito de propriedade.

---

[11] Artigo 1.179 do Código Civil francês: "Existem três espécies principais de locação de obras e indústria: 1º A locação de pessoas de trabalho que se engajam a serviço de alguém; 2º A dos condutores de mercadorias, tanto por terra quanto por água, que se encarregam do transporte de pessoas ou de mercadorias; 3º A dos arquitetos, empreendedores de obras e técnicos após estudos, orçamentos ou transações". O Artigo 10 da Lei de 12 de maio de 2009 modificou o parágrafo 1º do Artigo 1.779 do Código Civil, agora assim redigido: "1º A locação de serviço". (N. T.)

[12] René Savatier, *Le droit comptable au service de l'homme* (Paris, Dalloz, 1959), p. 75.

Entendemos melhor agora que o poder que a burguesia pode reconhecer no sindicato não pode exceder esses limites; entendemos melhor que esse poder só pode exercer-se sob a condição de não pôr em questão o contrato de trabalho e o direito de propriedade, bem como o homem e o mercado.

De que é feito esse poder? Tudo o que podemos dizer por ora é que ele tem outro *objeto*, que ele se exerce sobre outra coisa. O quê? O único "objeto" que o patronato pode abandonar ao sindicato como um "bem vacante" é, certamente, a classe operária. E por que esse é um "poder de fato"? Porque a própria classe operária é "fato".

Precisemos. A classe operária tem uma existência dupla: existência legal, em plena luz, porém, nesse caso, *stricto sensu*, já não é necessário falar de classe operária, e sim de uma soma de "sujeitos", uma soma de contratantes; e uma existência obscura, uma existência "de fato", à qual o direito não confere estatuto algum.

Como o direito lida com isso? Como organiza esse fato das classes? Essas questões são eminentemente delicadas, já que envolvem a relação de poder com as massas.

O DIREITO E AS MASSAS

Já percebemos que as massas levam uma vida muito problemática no direito. É claro que elas existem, mas o preço de sua existência é sua própria negação como massas. Elas somente existem com a condição de desaparecerem enquanto tais.

Assim, os juristas se sentem muito embaraçados, realmente muito embaraçados. A tal ponto que no início do século – mas veremos que esse embaraço é "estrutural" – eles não sabiam muito bem se a greve era um "direito". "A greve, de uma maneira geral, não é um direito, é um fato", dizia Jèze[13]. E Maxime Leroy: "É preciso concluir que o direito de greve não é um princípio, podemos falar de um direito? Trata-se de um fato"[14].

Fato? Com efeito! Não qualquer fato, antes o fato de classe, e assistiremos a um balé muito estranho, em que tomam lugar figuras de uma grande complexidade. Não se preocupe o leitor: tecnicamente complexas, talvez, mas facilmente identificáveis de um ponto de vista de classe.

Eis o ponto: mostrarei ao leitor como a burguesia, por meio de técnicas jurídicas cujos riscos já conhecemos, circunscreverá a greve, fato de massa por excelência; como ela manterá as massas no "nada", no "não direito", e veremos mais tarde como esse "nada" se tornará alguma coisa e em que condições.

---

[13] *Revue du Droit Public*, 1909, p. 504.
[14] Maxime Leroy, *Syndicats et services publics* (Paris, A. Colin, 1909), p. 304.

Para circunscrever a greve, é necessário dar-lhe uma existência legal. Mas esse é apenas o primeiro passo. É necessário, sobretudo, que sua existência legal tome a forma do poder burguês, isto é, a forma contratual – e nesse caso podemos falar de uma verdadeira contratualização da greve – ou a forma estatal. Do "resto" encarregam-se os sindicatos ou, em último caso, o aparelho repressivo do Estado.

1) A contratualização da greve

Nos tempos heroicos, isto é, nos primeiros anos do século XX, indagava-se se a greve deveria ou não romper o contrato de trabalho. Desenvolveu-se toda uma controvérsia em torno do Artigo 1.780 do Código Civil, completado pela Lei de 27 de dezembro de 1890[15], que dispunha que "a locação de serviços por tempo indeterminado pode sempre cessar pela vontade de uma das partes contratantes". O leitor pode imaginar imediatamente a questão de direito: pela greve, os operários "quiseram" romper o contrato de trabalho? E é possível ver ainda que qualquer que seja a solução na estrutura do contrato de trabalho – pela própria mediação da "vontade das partes" – e que qualquer que seja a solução adotada – e, evidentemente, ela variará –, não se sairia do contrato.

Em um primeiro momento, os tribunais são inflexíveis. "A nova legislação não deu aos operários o direito de violar as convenções livremente formadas entre eles e seus patrões."[16] Entenda-se: a greve, em princípio, rompe o contrato de trabalho, já que os operários, ao parar o trabalho... param de trabalhar: eles perdem todos os seus direitos. A imprensa burguesa faz uma excelente análise:

> O direito de greve é somente o direito de romper o contrato de trabalho sem se expor à persecução penal. Não é outra coisa. Antes da supressão do delito de coalizão, a ruptura coletiva do contrato de trabalho era um fato penalmente punível. Desde sua supressão, a aplicação do direito comum é para a coletividade o que era para o indivíduo que o rompe sem se expor à repressão. Mas isso não tem nada a ver com as regras civis que regem a matéria dos contratos.[17]

Isso apresentava enormes vantagens e a prática patronal desenvolveu uma série de táticas jurídicas para acabar com as greves. Com efeito, pela lógica contratual, já

---

[15] Lei de 27 de dezembro de 1890 "sobre os contratos de locação e sobre as relações dos agentes de vias férreas com as companhias". (N. T.)
[16] Tribunal Comercial de Tarare, 30 dez. 1890, *La Loi*, 31 jan. 1891. [Jurisdição civil de primeiro grau, composta de pelo menos três juízes; julga "contestações relativas aos compromissos entre comerciantes, entre estabelecimentos de crédito ou entre eles, relativas às sociedade comerciais, e as relativas aos atos de comércio entre toda pessoa" (Artigo 721-3 do Código de Comércio francês). Em caso de inexistência de tal tribunal, o Tribunal de Grande Instância é competente. (N. T.)]
[17] *Le Temps*, 16 maio 1905.

que os grevistas "quiseram" a greve, eles "quiseram", por esse fato, romper o contrato de trabalho, e isso acarretava toda uma série de consequências.

De início, os operários eram obrigados a respeitar os prazos da convenção, quer resultassem dos usos, do próprio contrato ou do regulamento da empresa. Caso contrário, eram condenados à indenização por danos, que, aliás, poderia ser prevista contratualmente (cláusula penal).

Assim, um regulamento de empresa estipulava que as operárias que quisessem deixar a fábrica deveriam avisar previamente o patrão de sua partida em certo momento do trabalho, ou então seriam expostas a uma retenção de 25 francos de seu salário. Uma operária que deixou a fábrica sem obedecer a essa cláusula foi dispensada pelo Conselho de Prud'hommes[18] de pagar indenização pelo motivo de que a cláusula era nula. A Corte de Cassação[19] restabeleceu o direito: é sempre lícito às partes "convencionar o momento em que a parte que queira resilir o contrato deva prevenir a outra, e assegurar por uma cláusula penal a execução dessa estipulação"[20].

É claro, diríamos, os operários têm o "direito" de fazer greve, e daí não pode resultar nenhuma "falta". Mas isso não significa que não devam respeitar suas obrigações. Em duas palavras, o contrato de trabalho vale contra a greve, e o contrato de trabalho não conhece as massas. "Sistema singular", indignava-se um advogado-geral[21], o que sustenta que "a brusca cessação do trabalho a despeito de uma convenção expressa ou tácita, que seria passível de indenização por danos, se se tratasse

---

[18] O "Conseil de Prud'hommes" (literalmente, "conselho de homens prudentes ou probos") surgiu durante a Idade Média. O instituto foi reintroduzido na ordem jurisdicional francesa em 1806 por uma lei do Império e mantido até hoje. Constitui a jurisdição de primeiro grau para resolver os litígios que nascem do contrato individual de trabalho entre empregados/aprendizes e o empregador. É, portanto, competente para reconhecer a existência ou validade do contrato individual de trabalho durante sua execução (salários, discriminação etc.) e durante sua ruptura (dispensa, aviso prévio etc.). Logo, conhece apenas litígios que envolvam interesses individuais, e não coletivos. É uma jurisdição civil de exceção e paritária: seus quatro membros ("conseillers prud'hommaux"), que não são juízes profissionais, são eleitos por empregados e empregadores. A representação das partes por um advogado não é obrigatória (Artigo R-1453-2 do Código do Trabalho). (N. T.)

[19] "Corte de Cassação" ("Cour de cassation") é uma jurisdição única no âmbito nacional, e seu papel é verificar a conformidade com o direito das decisões dos tribunais de primeira instância, cuja decisão não é suscetível de recurso, e das cortes de apelação. Ela é dividida em câmaras civis – a primeira, a segunda e a terceira Câmara Civil, assim como a Câmara Comercial e a Câmara Social – e uma câmara penal – a Câmara Criminal. (N. T.)

[20] Corte de Cassação, Câmara Civil, 2 fev. 1898, *Dalloz*, 1898, I, 326.

[21] A denominação "avocat général" ("advogado-geral") corresponde à função exercida por certos magistrados do "parquet" de cada Tribunal de Apelação e do "parquet" da Corte de Cassação, que estão sob o controle do "procureur général" ("procurador-geral"), representante do "Ministère Public" ("Ministério Público") ou "Parquet". Este defende os interesses da coletividade, assim como a aplicação da lei, e encontra-se sob a autoridade do ministro da Justiça. (N. T.)

de um ato individual, não poderia motivar de condenação alguma, caso fosse proveniente de um ato coletivo ou corporativo"[22]. E prosseguia nestes termos:

> E onde, portanto, em que texto, encontra-se o recurso[23] a essa distinção entre o ato individual e o ato corporativo? Sim, certamente, a greve é o exercício de um direito! E está bem longe de meu pensamento procurar impedir seu exercício; mas um direito, por mais extenso que seja, sempre encontra seu limite no direito dos outros, e sobretudo no respeito às convenções. Ao lado desses direitos de que se fala com frequência, há deveres de que não se fala tanto. Se é um direito, para os operários e os patrões, fazer greve, é um dever para eles manter seus compromissos. Onde se viu, portanto, que o estado de greve cria direitos particulares para os grevistas ou os libera de seus compromissos? Que me citem um único exemplo! Será que o estado de greve dispensa o grevista de pagar seu aluguel, seus fornecedores e suas dívidas contratadas? [...] Será que as obrigações que derivam do contrato de locação de serviços são menos respeitáveis que as decorrentes do contrato de venda ou arrendamento? E o que digo dos operários digo também, evidentemente, dos patrões etc. etc.[24]

Mas esse "sistema perigoso" apresentava uma dupla vantagem para o patronato: de uma parte, as greves perdiam seu caráter brusco, porque o contrato obrigava os grevistas a prevenir o patrão; de outra, os grevistas podiam ser condenados em indenizações por danos.

> Os tribunais tornam-se, nesse sistema, os apreciadores soberanos dos motivos da greve; é-lhes sempre permitido, pela ameaça de uma condenação civil suscetível de arruinar o sindicato promotor da greve, paralisar a ação concertada dos trabalhadores, e deslocar as formas operárias.[25]

Ainda outra vantagem. A noção de greve-ruptura permitia ao empregador contratar imediatamente, sem demora, outros operários. Uma vez que o contrato estava rompido, já não havia liame de direito entre o operário e o patrão, e cada um se encontrava livre de qualquer compromisso. Diz o Conselho de Prud'hommes de Rennes:

> Considerando que, se é conveniente aos operários abandonar o trabalho para forçar o empregador a modificar mais favoravelmente as condições de trabalho, eles o fazem

---

[22] Conclusões Feuilloley, Câmara de Petição, 18 mar. 1907, *Recueil Dalloz*, 1902, I, 323.
[23] No texto original, fala-se em "pourvoi". O chamado "pourvoi en cassation" constitui o recurso de uma das partes do litígio contra a decisão formulada por uma jurisdição de primeiro grau ou por um "tribunal de apelação" ("cours d'appel"). Se, segundo a corte, o "pourvoi" tem fundamento, ela "cassa e anula" ("casse et annule") a decisão e "reenvia" o caso a uma "corte de reenvio" ("cour de renvoi"); do contrário, a corte rejeita o recurso. (N. T.)
[24] Conclusões Feuilloley, cit.
[25] Pic, *Revue Trimestrielle de Droit Civil*, 1905, p. 42.

por sua própria conta e risco [...]; que nenhuma lei impede os patrões de manter o trabalho por quem bem lhes parecer, contratando novos operários, como o operário poderá sempre, em caso de parada brusca da parte do patrão, procurar trabalho em outra empresa.[26]

E, na própria medida em que os contratos eram rompidos, nada obrigava o empregador a recolocar os grevistas em seu serviço, uma vez encerrada a greve. Diz a Corte de Cassação:

> Considerando que o operário que se coloca em greve torna impossível, por seu fato voluntário, a continuação da execução do contrato de trabalho que o ligava ao patrão; que esse ato, apesar de não ser proibido pela lei penal, não deixa de ser de sua parte, quaisquer que sejam os motivos aos quais ele obedece, uma ruptura de tal contrato; e que as consequências jurídicas de um fato dessa natureza não deveriam ser modificadas pela circunstância de seu autor ter entendido reservar-se a faculdade de retomar ulteriormente, a seu bel-prazer, a execução da convenção por ele abandonada.[27]

Dupla vantagem: de um lado, o patrão pode contratar "amarelos"[28]; de outro, ele pode jogar a carta do desemprego, afastar os "líderes", estabelecer "listas negras"[29].

E nem levo em consideração esta outra vantagem que, por força da Lei de 9 de abril de 1898 sobre os acidentes do trabalho, permitia aos patrões reduzir em enormes proporções a renda concedida a um grevista vítima de acidente do trabalho, menos de doze meses depois do retorno ao trabalho[30].

Vejamos. Pela técnica contratual, pelo jogo inelutável do contrato de trabalho, o patronato havia elaborado um temível dispositivo antigreve. Então, juristas humanistas levantaram a bandeira do "bom direito", assumiram a causa da greve e propuseram outra "interpretação", que está na base do nosso moderno direito positivo. Como? Por uma verdadeira "contratualização" da greve. A greve faria parte do contrato de trabalho. Combate de vanguarda, sim, em certo sentido, mas também um combate temível. A classe operária deveria ganhar muito com isso, mas de certa forma também perdia sua realidade de classe.

Eis, em substância, o que sustentavam nossos juristas humanistas, apóstolos de um "direito operário". Uma vez que se trata afinal de interpretação de vontade, devemos perscrutar a "vontade" dos grevistas. Ora, em muitos casos, os grevistas

---

[26] Tribunal de Rennes, 30 abr. 1902, *Le Droit*, 7 maio 1902.
[27] Corte de Cassação, Câmara Civil, Seção Civil, 15 maio 1907, *Recueil Dalloz*, 1907, I, 369.
[28] O chamado "syndicalisme jaune" ("sindicalismo amarelo") é caracterizado pela recusa de certos meios de ação, tais como a greve. (N. T.)
[29] Listas ilegais de pessoas "a não empregar" (militantes sindicalistas e simpatizantes), distribuídas a empregadores. (N. T.)
[30] Corte de Cassação, Câmara Civil, Seção Civil, 4 maio 1904, *Recueil Dalloz*, 1904, I, 289.

não têm a intenção de romper o contrato de trabalho. Ao contrário, "na maior parte do tempo, no espírito das partes envolvidas, a greve não equivale à resilição do contrato: operários e patrões continuam a acreditar-se ligados uns aos outros; eles suspendem o trabalho, mas não têm a intenção de separar-se"[31]. É, portanto, de uma ruptura "de fato" que se trata.

> Portanto, podemos ver na greve uma ruptura de fato entre o empregador e os empregados. Além disso, em muitas hipóteses, os entendimentos mais ou menos formais em vista da continuação dos trabalhos necessários à conservação da mina, do alto-forno, da fábrica, considerados uma espécie de patrimônio comum, demonstram que as próprias relações de fato não podem ser inteiramente rompidas.[32]

É muito interessante essa "ruptura de fato", se a aproximamos das "relações de fato", isto é, das relações concretas de *produção*. Pois nesse caso, sob as relações contratuais, sob o direito de propriedade, veremos perfilar-se a verdadeira natureza do capital, que somente funciona à base de força do trabalho. E, é claro, não é nada surpreendente que o direito designe essa relação como "de fato". Voltaremos a esse assunto.

Assim, portanto, os juristas humanistas, ancestrais de nossos modernos especialistas, sustentavam que "a greve supõe nos operários a vontade de manter o contrato"[33]. Muito bem. Havia coisa muito melhor. Um grande jurista, um dos primeiros de seu tempo, decidiu agarrar o touro pelos chifres e enfrentar o verdadeiro problema.

O direito civil, dizia ele, é o direito do indivíduo. Entretanto, o que está em causa nas leis de 1864 e 1892 é o direito coletivo.

> Não se considera os direitos e os interesses dos indivíduos, mas os das massas, não os cidadãos, sujeitos ordinários e tradicionais do direito civil, mas os interesses e as classes econômicas em conflito. Há duas legislações, duas ordens de ideias que se desenvolvem em planos diferentes. Uma dessas legislações, a que trata do direito coletivo, é recém-nascida. Nossos tribunais ainda não tiveram tempo de penetrar essas concepções particulares que a dominam e esclarecem. É sempre fonte de erros e mal-entendidos para eles buscar no direito comum, isto é, no direito civil individual, a solução das dificuldades às quais o direito coletivo dá origem. Especificamente, é um equívoco pretender obstinar-se em investigar se a greve é uma suspensão ou uma ruptura do contrato de trabalho. Na verdade, ela não é nem uma coisa nem outra,

---

[31] Nota Planiol, Corte de Cassação, Câmara Civil, Seção Civil, 4 maio 1904, *Recueil Dalloz*, 1904, I, 289.
[32] Nota Colin, Corte de Cassação, Câmara Civil, Seção Civil, 15 maio 1907, *Recueil Dalloz*, 1909, I, 369.
[33] Esmein, *Recueil Sirey*, 1898, I, 17.

pois a inexecução do contrato (suspensão) ou sua denúncia (ruptura) são atos que um único indivíduo pratica. Entretanto, a greve, não mais que a guerra, não é ato de um indivíduo.[34]

Certo, mas consideremos concretamente a que isso leva, consideremos o conteúdo prático desse "direito coletivo".

Diremos: o operário, ao aderir à greve, colocou-se, como tinha o direito, fora das regras do direito civil relativas a seu caso. Ele abandonou a posição jurídica que tinha no contrato individual pelo qual se comprometera a trabalhar em troca das obrigações correspondentes, para colocar-se sob a égide do direito coletivo de greve. Libertou-se. O patrão não poderia invocar contra ele, sob pena de impedir o exercício de seu direito, as cláusulas implícitas ou expressas de seu compromisso. Em vão pretenderia constrangê-lo a declarar previamente sua intenção ou a pagar a indenização por danos, pois fazer greve é uma coisa, e resilir o compromisso é outra. Mas, inversamente, que o operário não invoque o contrato para reclamar indenização ao empregador quando ele, respondendo pela guerra à guerra que lhe foi declarada, substituir por outros trabalhadores os operários que, em massa, desertaram de sua fábrica. Esse é um ato de legítima defesa econômica, uma consequência da greve e não uma ruptura, uma denúncia do contrato individual de tal ou tal operário. Dessa forma, as soluções ordenadas pelo bom senso e pela justiça seriam cumulativamente consagradas [...].[35]

Isso quer dizer, em linguagem comum: quando abandonamos o direito civil (o contrato de trabalho), colocamo-nos no direito coletivo, e o direito coletivo, sendo extracontratual, tem uma natureza de "fato". Por quê? Porque tem a ver com as massas, e as massas são de "fato", assim como a guerra.

E esse raciocínio é tão "justo" que os juristas não escaparam mais dele, apesar das aparências. Como? Contratualizando a greve. Dir-se-á: a greve é lícita *na medida* do contrato de trabalho; quando há abuso contratual, há greve abusiva. Dito de outro modo, a greve, quando se torna extracontratual, torna-se, por consequência, ilícita ou ilegal, segundo sutilezas que não nos interessam por ora.

E é Jaurès[36] que dará a palavra final dessa história com uma presciência extraordinária.

---

[34] Nota Colin, cit.
[35] Ibidem.
[36] Jean Jaurès (1859-1914) foi um político francês que criou, em 1904, o jornal *L'Humanité* [A Humanidade], publicado até hoje. Ele aderiu ao socialismo após a "greve dos mineiros de Carmaux" ("grève des mineurs de Carmaux"), desencadeada pela dispensa de Jean-Baptiste Calvignac, que se ausentava com frequência do trabalho em razão de suas funções como prefeito local. Essa dispensa foi considerada pelos colegas mineiros uma mácula nos direitos reais da classe operária de expressar-se politicamente. (N. T.)

> Neste período de rápidos progressos, de bruscas transformações técnicas e econômicas, o contrato de trabalho está necessariamente associado à evolução universal [...] Os operários que alugam seus serviços por um período indeterminado certamente não renunciam às melhorias que pode trazer o curso do tempo. Assim, a possibilidade permanente de reivindicação está inclusa no contrato de trabalho das sociedades modernas; e, como a lei reconhece que essa reivindicação pode tomar a forma da greve, o direito de greve está incluso no contrato; ele é implicitamente reconhecido. O direito de greve, longe de ser a ruptura do contrato, é o exercício de uma das cláusulas implícitas e essenciais do moderno contrato de trabalho.[37]

Absolutamente surpreendente, não? E não é por acaso que essa declaração venha da pena de Jaurès, nosso melhor reformista.

E que não venham me dizer que o direito positivo da greve abalou essa concepção; que estamos infinitamente mais além que Jaurès. Estruturalmente, não podemos ir "mais além" que Jaurès; o direito não pode estruturalmente apreender a greve fora do contrato de trabalho e, portanto, do direito de propriedade.

Como transição para nosso direito moderno da greve, darei ao leitor um exemplo. Trata-se de uma decisão da Corte Superior de Arbitragem[38], datada de 19 de maio de 1939, e tradicionalmente apresentada como uma decisão audaciosa, quase revolucionária, a própria fonte da regulamentação do direito de greve. O que diz essa decisão?

> Considerando, de um lado, que a cessação coletiva do trabalho, na medida em que constitui uma inexecução faltosa dos contratos individuais de trabalho por parte dos assalariados, pode autorizar o empregador a tomar contra todos ou parte destes últimos sanções suscetíveis de chegar à dispensa sem prévio aviso ou indenização, mas que não poderia por si só acarretar a ruptura dos contratos individuais de trabalho, na ausência de qualquer vontade expressa ou implícita dos assalariados de abandonar definitivamente seus empregos.[39]

Que retórica! Pois, se a greve "por si só" não rompe os contratos de trabalho, é *com a condição* de que os assalariados executem escrupulosamente suas obrigações contratuais! Dito de outro modo, a greve deve respeitar o contrato de trabalho, e isso é natural. Pois, se ela é uma das cláusulas do contrato de trabalho, está necessariamente submetida a seu regime. O acessório segue o principal.

O comissário do governo[40] não havia se enganado. O que é o contrato de trabalho? Este pertence, diz ele:

---

[37] *L'Humanité*, 16 maio 1904.
[38] Jurisdição francesa criada em 1939 e reorganizada em 1950; examina as sentenças arbitrais, quando exaradas com excesso de poder ou violação da lei. (N. T.)
[39] Corte Superior de Arbitragem, 19 maio 1939, *La Gazette du Palais*, 1939, I, 903.
[40] O "comissário do governo" ("commissaire de gouvernement") tem como missão expor sua opinião sobre as questões a serem julgadas. Ver Artigo L7 do Código de Justiça Administrativa ("Code de Justice Administrative"). (N. T.)

ao tipo dos contratos de adesão, submete o trabalhador, e de maneira geral as relações entre empregador e assalariado, a um conjunto de regras diversas, algumas contidas no regulamento de empresa, outras fixadas nas leis ou nos regulamentos administrativos, outras, enfim, definidas pelo costume, constituindo um conjunto complexo que forma um verdadeiro estatuto do qual nenhuma parte é realmente discutida entre as partes do contrato. Pois bem! Pensamos que, desde a Lei de 25 de maio de 1864, que consagrou o caráter lícito da greve, e em virtude tanto dessa lei quanto do costume que se estabeleceu, pensamos que, até o estabelecimento de procedimentos obrigatórios de conciliação e de arbitragem nos conflitos coletivos de trabalho, o direito de greve deveria ser visto como um elemento desse estatuto do operário, ao qual se referem implicitamente, mas necessariamente, todos os contratos de trabalho. Assim, somos conduzidos à solução expressa por Jaurès, desde 1904, em uma fórmula marcante: "O direito de greve, longe de ser a ruptura do contrato, é o exercício de uma das cláusulas essenciais do moderno contrato de trabalho".[41]

Admitamos. Mas então a observação que fizemos é justa; já que a greve está contratualizada, ela é faltosa quando os grevistas cometem um "abuso" contratual. E o que é um "abuso" na espécie? É muito simples. Consiste em deflagar a greve "a despeito dos procedimentos de conciliação ou arbitragem", ou por "motivos políticos", ou "por qualquer outra razão", entendendo-se por qualquer outra razão a que não seja a boa execução do trabalho. E em nome de que "poder" os grevistas serão sancionados? O do empregador, é claro.

O bom funcionamento de uma empresa, como aliás de qualquer serviço público ou privado, implica uma autoridade e uma disciplina que comportam a possibilidade de pronunciar sanções. É em virtude desse princípio que o empregador pode dispensar um assalariado sem observar o aviso prévio e sem indenização, quando esse assalariado cometeu uma falta grave: essa dispensa, com efeito, é mais que a simples ruptura unilateral por uma das partes de um contrato de tempo indeterminado, ela é, ao mesmo tempo, uma sanção disciplinar.[42]

Dito de outro modo, o "poder" do empregador é o mesmo do bom funcionamento do capital, e ele se dá como um poder sobre os trabalhadores pela mediação do contrato.

E, quando o comissário do governo tenta apreender a "realidade das coisas", a "verdadeira" realidade, nós temos direito a um pouco da antologia ideológica.

A realidade, sem sombra de dúvida, é que a greve deixa subsistir o liame de fato que une os assalariados da empresa. Esse liame, com efeito, não é, de modo algum, uma simples relação de direitos e obrigações; é feito de um conjunto complexo de elementos diversos,

---

[41] *La Gazette du Palais*, 1939, I, 903.
[42] Ibidem.

uns materiais e outros morais, criados pelo trabalho em comum, pelos hábitos de vida, pela solidariedade necessária entre os interesses de um negócio com os do pessoal. O liame que existe entre os trabalhadores e a empresa à qual pertencem é, em muitos aspectos, comparável ao que une os indivíduos a sua família, a sua aldeia, a seu país. Esse liame, com efeito, a greve não rompe, mesmo que ela tenda a uma modificação das condições de trabalho, pois estas são modalidades de um vínculo mais forte e mais estreito que subsiste a despeito das mudanças possíveis destas condições. Os grevistas consideram-se sempre pertencentes à empresa, o próprio empregador os considera como tais e discute com eles os meios de pôr fim ao conflito. Somente depois que a greve tiver terminado é que os assalariados excluídos da empresa quando da retomada do trabalho verão desaparecer de fato a ligação que os unia a ela. E ainda haverá espaço para uma reintegração posterior [...] isto é, para o restabelecimento do vínculo rompido. Eis a realidade. Todo o resto é ficção.[43]

Confessemos: não se sabe muito bem do que se está falando. Os juristas se esforçaram para nos convencer de que a "realidade" era o contrato e o "resto" era "fato", e agora dizem que o contrato é "ficção" e o "fato" é a realidade. Até esse texto – surpreendente em muitos aspectos – que nos dá uma nova lição de "realidade": a greve deixa subsistir um "liame de fato", o que, em direito, não quer dizer estritamente nada.

Portanto, é necessário, uma vez mais, olhar mais de perto. Com efeito, se nos atemos a uma lógica jurídica estrita, a confusão é total. Não se pode sustentar, de um lado, que a greve suspende o contrato de trabalho e, de outro, que subsiste um vínculo de natureza contratual. E, todavia, subsiste alguma coisa. E qual é a natureza dessa coisa? Mistério. Tudo o que sabemos é que a natureza dessa coisa não é nada contratual – porque o contrato está suspenso – e, no entanto, ela deve ser contratual, porque o direito só pode conhecer relações contratuais.

Como sair desse impasse? Precisamente pela noção de "liame de fato", que "une os assalariados à empresa", e que "não é uma simples relação de direitos e obrigações". Falemos claramente: o que subsiste quando o contrato está suspenso é um vínculo de trabalho, um vínculo de empresa, se preferirmos, que não é, propriamente falando, um vínculo de direito. Falemos ainda mais claramente: o vínculo de empresa é, nesse caso, extracontratual: é "econômico".

O que a suspensão do contrato de trabalho pela greve mostra de relance é a relação capital/trabalho, ou melhor, o fato de que essa relação é extrajurídica, e que o contrato de trabalho é uma "ficção". Mas essa relação que aparece nos interstícios do direito volta, sem dificuldade, em outro lugar: a ideologia. A ideologia jurídica, bem como a ideologia moral e a ideologia econômica.

---

[43] Ibidem.

Sendo assim, essas diferentes ideologias jurídicas estão organicamente ligadas e, sendo assim ainda, têm como origem comum *a ideologia jurídica do trabalho*. E é então que a declaração final do comissário de governo, com todas as ilusões combinadas, pode ganhar sabor:

> No domínio social, mais do que em qualquer outro, é importante evitar as discordâncias entre o direito e o fato, pois, se os modelos jurídicos não estiverem adaptados à realidade, se não evoluírem com ela, as relações de trabalho se desenvolverão fora do direito, sob a dependência unicamente do jogo de forças do momento. É por isso que acreditamos na utilidade, na necessidade do esforço que lhes pedimos hoje, pois, eliminando do regime do trabalho elementos fictícios, ele aproximará o direito social da realidade dos fatos e contribuirá para o próprio progresso desse direito.[44]

Concluí, com isso, o direito de greve? Sim e não. Sim, no sentido de que demonstrei ao leitor, creio eu, as questões essenciais – a questão do *poder de classe* – sob as técnicas jurídicas; não, pois resta demonstrar concretamente que essas questões se perpetuam sob novas formas.

Em que pé estamos, hoje, em relação ao direito de greve? Ideologicamente no mesmo ponto; politicamente no mesmo ponto; tecnicamente no mesmo ponto. O que mudou foi o "reconhecimento" legal do direito de greve: reconhecimento constitucional, na Alínea 7 do Preâmbulo Constitucional de 27 de outubro de 1946, confirmada pela Constituição de 4 de outubro de 1958: "O direito de greve exerce-se nos limites das leis que o regulam"; Lei de 11 de fevereiro de 1950, que dispõe em seu Artigo 4: "A greve não rompe o contrato de trabalho, salvo em caso de falta grave imputável ao assalariado". Ao que faz eco o acórdão da Corte de Cassação de 18 de junho de 1951: "A afirmação solene pelos constituintes do direito de greve, o qual se tornou uma modalidade de defesa dos interesses profissionais, não pode logicamente conciliar-se com a ruptura do contrato de trabalho que resultaria do exercício desse direito"[45].

Digo que nada mudou em última instância, mesmo que isso pegue de sobressalto muita gente, porque o poder de classe da burguesia está perfeitamente acomodado a esse reconhecimento legal; porque ele enquadrou perfeitamente o direito de greve, em nome das próprias categorias que lhe permitiram negá-lo; porque, no interior mesmo do direito de greve, o trabalho dos tribunais traçou as linhas demarcatórias que lhe permitem tê-lo bem na mão. Releia o leitor o acórdão da Corte de Cassação: o direito de greve é uma "modalidade de defesa dos interesses profissionais". Está tudo aí. Isso permitirá distinguir as greves lícitas – entenda-se aquelas que respondem à defesa dos interesses profissionais, isto é, que têm em vista apenas uma melhoria das cláusulas do contrato de trabalho (salário, condições de trabalho etc.) –

---

[44] Ibidem.
[45] *Droit Social*, 1951, p. 532.

das greves ilícitas ou abusivas – entenda-se aquelas que excedem o bom funcionamento do contrato de trabalho, desorganizam a produção ou fazem a ligação entre o capital e o trabalho, as greves políticas, ditas "políticas".

É por isso que nunca será demais denunciar a ilusão de um direito do trabalho autônomo, verdadeira serpente do mar; nunca será demais denunciar as ingenuidades humanistas da doutrina, como esta: "O princípio da supremacia do direito de propriedade e da liberdade de empresa é criticável *no direito do trabalho* pela negação que implica dos direitos sociais dos trabalhadores"[46].

Os "direitos sociais" dos trabalhadores seriam a negação do direito de propriedade! Direito contra direito! Isso nos remete a ideias ultrapassadas de certos autores socialistas dos anos 1920, na União Soviética, que acreditavam no "direito de classe"! Isso traz de volta a crença tenaz num socialismo de juristas, numa espécie de "contradireito", em que se elaboraria o direito futuro de uma sociedade socialista! Está bem aí na raiz dessa ilusão reformista, e a burguesia sabe manipulá-la com suprema habilidade. De um lado, ela permite que se desdobrem os doces sonhos humanistas dos juristas, as inacreditáveis "cartas de liberdades"; de outro, leva seu trabalho de enquadramento legal com obstinação. Pesando prós e contras, prefiro o cinismo frio dos autores reacionários. Em face do direito de propriedade e do princípio da liberdade do trabalho, "na realidade, não há direito que lhes seja oponível"[47]. Ou, melhor ainda, o realismo dos anglo-saxões. O que é greve? "Uma interrupção coletiva do trabalho para pressionar aqueles que têm interesse na venda ou na utilização dos produtos desse trabalho"[48].

A tradição jauresiana é inextirpável na França.

O *direito* de greve é um direito burguês; é o direito burguês aplicado à classe operária e, como o leitor não é obrigado a acreditar em mim *agora*, ainda que tenha concordado com o que foi exposto, farei duas incursões no direito positivo da greve. Não direi tudo, não entrarei em todas as sutilezas, pois não pretendo escrever um tratado de direito, e existem muitos bem-feitos, mas direi o suficiente para que o leitor compreenda bem a *tese*: *o direito de greve funciona no modo do contrato de trabalho, portanto, do direito de propriedade*. Tese jurídica? Não só. Tese jurídico-política, sobretudo, tese sobre o funcionamento do *poder burguês*, posto que se trata de enquadrar as lutas operárias, de legalizá-las, em suma, de reproduzir por conta disso a relação capital/trabalho.

---

[46] Marianne Choisez, "La grève avec occupation des lieux du travail devant le juge des référés", *Droit Social*, 1975, p. 367.
[47] Roger Latournerie, *Le droit français de la grève: étude théorique et pratique* (Paris, Sirey, 1972), p. 196.
[48] Kenneth Guy Jack Charles Knowles, *Strikes: A Study in Industrial Conflicts* (Oxford, Blackwell, 1954).

2) Primeira incursão: a greve e a defesa da produção

A greve é lícita, evidentemente, mas desde que não se "abuse" dela.

A greve deve ter suas leis, como a guerra tem as dela, as quais excluem a prática da guerrilha de franco-atiradores. Pode-se dizer do mesmo modo que, se a luta aberta dos assalariados contra seu empregador é lícita quando se opera na forma de uma cessação geral do trabalho, a luta sorrateira por meio da desorganização da empresa, com interrupções esporádicas, constitui um abuso ilícito do direito de greve.[49]

A luta de classes, de acordo, mas "com lealdade". Como se a luta de classes fosse leal! E o que é a "lealdade"? A ideologia contratual, a boa-fé, o respeito das convenções etc. É por isso que o operário não deve aproveitar-se de sua posição na produção para trapacear o patrão. Não. Ele deve comportar-se como um parceiro responsável, *"fair play"*.

"É nesse sentido que, sem se opor aos princípios mais ou menos arcaicos na forma do direito civil, assimilam-se suas concepções mais ousadas, o próprio tipo do homem prudente não é mais o trabalhador mediano, mas o "grevista normal"[50]. O "grevista normal" é a tradução "ousada" do "bom pai de família", e eis aí a moral burguesa transferida para o direito de greve!

E por que essas ladainhas? Porque a greve "intermitente" é dissimulada.

A ideia de substituir uma suspensão completa por interrupções esporádicas no trabalho procede do desejo dos assalariados de conseguir uma satisfação profissional, sem os inconvenientes que apresenta uma verdadeira greve, com as pesadas perdas salariais que acarreta e que, afinal, pode ser menos prejudicial ao empregador do que a eles mesmos. A prática de irregularidades no trabalho apenas pode ter como consequência uma diminuição da remuneração por essas horas não trabalhadas, que em geral não são muitas, e cujas deduções nem sempre são fáceis de fazer, sobretudo se há uma simples desaceleração no ritmo do trabalho. Em contrapartida, o procedimento é em geral muito prejudicial ao empregador, já que a desorganização da empresa pode ser muito mais grave do que um fechamento momentâneo. Os trabalhadores contam com esse maior dano para obter satisfação.[51]

Então, a doutrina indigna-se, direito e moral confundidos.

Pelo direito, as coisas são simples. Não há direito sem o seu limite. O direito de greve traz em si seu próprio abuso: a desorganização da empresa. "O direito de greve não está em questão, mesmo na forma da greve intermitente, mas apenas o abuso

---

[49] Nota Rouast, Corte de Cassação, Câmara Civil, Seção Social, 3 out. 1963, *Recueil Dalloz*, 1964, 19.
[50] Nota Delpech, Tribunal Civil de Tulle, 26 jun. 1951, *La Semaine Juridique (JCP)*, 1952, II, 6.488-.
[51] Nota Rouast, cit.

que consiste em desorganizar uma empresa por meio dela."[52] Ou, melhor ainda: "A falta cometida pelos grevistas não consiste em cessar, ainda que repetidas vezes, o trabalho, mas em se colocarem numa situação em que não conseguem cumprir um trabalho normal entre essas interrupções, em razão da desorganização da empresa acarretada pelas paradas repetidas e imprevistas"[53]. E, de fato, quando se fala de direito, entra-se na "contradição íntima de nosso direito [...]: ao mesmo tempo que permite a greve, ele é levado a proibir a maioria dos atos que a tornam eficaz"[54].

Aí está. E podemos ir mais longe e clamar pelos *direitos do homem e do cidadão*. Tradicionalmente, sabemos que os direitos individuais encontram seus limites na obrigação de não prejudicar outrem. Ora, é inerente à greve prejudicar alguém etc. Velhas histórias de limites de direito, que Kant transformará ingenuamente em conflito de liberdades, quando se trata, na verdade, de conflitos de proprietários. Se a Terra não fosse redonda, portanto finita, haveria propriedade para todo o mundo, portanto liberdade para todo o mundo. Não estamos longe da "propriedade social". Rousseau, como sabemos, foi mais ansioso. Em poucas palavras, o humanismo casa-se à perfeição com a empresa.

Pela moral, as coisas são igualmente simples. De um lado, a moral *para o operário*.

[É preciso] separar os meios lícitos dos outros, os golpes permitidos dos golpes baixos [...] O empregador tem todo o interesse em manter dentro de sua empresa uma situação transparente e franca [...] [além da] repugnância instintiva do sentimento público perante um estado que não é nem guerra aberta nem paz.[55]

De outro lado, a moral *para o empregador*.

A intenção maliciosa de prejudicar a situação econômica da empresa, a desorganização da produção ou do rendimento são critérios de uma lastimável imprecisão e podem ir bem longe [...] O exame das espécies demonstra com que avidez os empregadores têm invocado tais recursos, frequentemente com sucesso, para legitimar a demissão de indesejados [...].[56]

Em outras palavras, a greve só é lícita se está "fora do contrato", mas esse "fora do contrato" é ele mesmo *medido* em termos contratuais. A jurisprudência não deixa dúvidas.

Um delegado de pessoal que participa de paralisações de trabalho de uma hora cada, próximas, repetidas e variáveis, comete uma falta justificando a resolução de

---

[52] Ibidem.
[53] René Savatier, "Observations", Corte de Cassação, Câmara Social, 26 fev. 1975, *Droit Social*, 1975, p. 449.
[54] Robert Charlier, "Le droit constitutionnel de grève", *La Semaine Juridique (JCP)*, 1948, I, 729.
[55] Carbonnier, *Revue Trimestrielle de Droit Civil*, 1953, p. 348.
[56] Levasseur, "La notion de grève", *Droit Social*, 1960, p. 654.

seu contrato de trabalho. Por quê? Porque "*coberto pelo direito de greve*, Arvantis pretendera executar seu contrato de trabalho em *condições outras* que aquelas previstas pelas convenções das partes ou pelas práticas profissionais"[57]. Pelas mesmas razões, um empregador não é obrigado a pagar o salário dos grevistas:

> [porque] o pessoal da sociedade cumprira seu trabalho em *condições outras* que aquelas previstas no contrato, e essas paralisações de trabalho variáveis, frequentes e inesperadas não lhes permitiram executar normalmente o trabalho acordado em contrapartida ao salário, como teria ocorrido mediante transparentes cessações coletivas de trabalho.[58]

E, sobretudo, estas considerações da Corte de Paris, de uma clareza ofuscante:

> Considerando que é um tanto contraditório pretender acomodar o direito de greve na execução de um contrato de trabalho; que, em qualquer caso, se o direito de greve permite ao trabalhador suspender seu contrato sem rompê-lo, *ele não o autoriza a executar seu trabalho em condições outras que aquelas previstas entre as partes ou praticadas pela profissão*; que é evidente que a desorganização do programa de fabricação, em consequência de paralisações repetidas, momentâneas e inesperadas no trabalho por parte unicamente do pessoal do setor de fundição, é contrária às condições de trabalho dos assalariados que fazem parte dele.[59]

Ou, ainda, é preciso constatar que:

> se os operários interromperam reiteradamente seu trabalho para apoiar reivindicações profissionais, preocuparam-se em evitar que essas interrupções acarretassem perturbações demasiado grandes no funcionamento da fábrica; que as paralisações de trabalho, das quais o empregador fora prevenido com antecedência, não foram marcadas por nenhum incidente e nenhum ato de sabotagem; que as medidas indispensáveis à conservação das máquinas foram tomadas; que, entre as paralisações, a cadência do trabalho foi normal e os operários cumpriram suas tarefas no ritmo habitual; que, após ter fechado a fábrica durante vinte e quatro horas, a sociedade considerou que era de seu interesse deixá-la funcionando, apesar das paralisações de trabalho temporárias; considerando que, na ausência de qualquer texto legal ou regulamentar que ajuste as formas que devem assumir as paralisações de trabalho para constituir greve, a repetição de interrupções de trabalho, tendo cada uma o caráter de greve lícita, não pode ser considerada, em princípio, um abuso do direito de greve.[60]

---

[57] Corte de Cassação, Câmara Civil, Seção Social, 21 dez. 1960, *Bulletin des Arrêts de la Cour de Cassation*, IV, n. 1.236, p. 960.
[58] Corte de Cassação, Câmara Civil, Seção Social, 26 fev. 1975, *Droit Social*, 1975, p. 449.
[59] Tribunal de Apelação de Paris, 5 nov. 1963, *La Gazette du Palais*, 1964, I, 270.
[60] Corte de Cassação, Câmara Civil, Seção Social, 18 abr. 1983, *Bulletin des Arrêts de la Cour de Cassation*, IV, n. 316, p. 258.

Assim, cada paralisação de trabalho tinha o caráter de uma greve lícita, na medida em que os trabalhadores não *misturaram* a greve com as obrigações contratuais. É bem aqui que está o coração das coisas. Há *incompatibilidade* entre o contrato de trabalho e a greve. Ou há greve e, portanto, suspensão do contrato de trabalho; ou há o exercício normal do contrato de trabalho. "É um tanto contraditório pretender acomodar o direito de greve na execução de um contrato de trabalho", dizia a Corte de Paris.

E aqui se encontra o coração das coisas, pois o "abuso" consiste precisamente em fazer funcionar a *greve, isto é, a violência de classe* dentro das obrigações contratuais, para, no fim das contas, desviá-las de seu objeto. E, se a jurisprudência resiste estruturalmente a essa confusão, é porque a violência de classe não deve entravar o bom funcionamento da empresa. A partir do momento que essa violência passa para o contrato, ela revela a "ilusão" deste, torna visível que os operários, *de fato*, são os verdadeiros "senhores" da empresa. E as obrigações contratuais apresentam-se, então, como a última trincheira do direito de propriedade.

Assim, o que se esconde sob a noção de greve abusiva é a violência de classe; e o direito a apreende a sua maneira, isto é, traçando uma linha de demarcação: de um lado, a greve; de outro, o contrato. Do contrário, a própria noção de empresa seria questionada, já que a empresa realiza juridicamente a separação entre o trabalhador e os meios de produção.

Compreende-se, então, que a noção de "abuso" toma seu verdadeiro sentido jurídico apenas mediante sua inserção na empresa. A Corte de Paris não se equivocou quanto a isso. Diz:

> Considerando que as paralisações de trabalho praticadas apenas por pessoal do setor de fundição tiveram como consequência desorganizar a produção e, ao mesmo tempo, tornaram-na particularmente onerosa à empresa; que esta, devendo conservar e pagar o pessoal dos outros setores que se mantiveram fora da greve, via aumentar as despesas em desproporção com a redução da produção decorrente das paralisações de trabalho daquele setor; considerando que esse resultado, manifestamente buscado pelos grevistas, era não apenas prejudicial ao empregador como, pelo próprio excesso de sua eficácia, levava à negação da própria noção de empresa [...]; considerando que a perduração de uma greve com tais fins ultrapassa os limites lícitos do exercício de um direito cuja existência não é criticada e torna-se faltosa no sentido do Artigo 4 da Lei de 11 de fevereiro de 1950 [...].[61]

"A negação da própria noção de empresa"! Isto é, a negação do poder jurídico do capital.

---

[61] Tribunal de Apelação de Paris, 5 nov. 1963, cit. [A Lei de 11 de fevereiro de 1950 foi codificada no antigo Artigo L521-1 do Código do Trabalho, e está hoje inserida nos Artigos L2511-1 e seguintes do atual Código do Trabalho. (N. T.)]

O contrato de trabalho desvela, então, todas as suas determinações: reproduz a empresa, porque permite em si mesmo a extração de mais-valor pela venda, de uma vez por todas e sempre, do "trabalho". Da mesma forma que o direito sancionaria quem vende uma mercadoria falsificada, ele sanciona o trabalhador que vende "mau" trabalho. Em outras palavras, é justamente o respeito às obrigações contidas no contrato – cadência do trabalho, produtividade "normal" etc. – que delimita o direito de greve. E, em contrapartida, é ainda em nome da técnica contratual que a greve é sancionada.

Daí o questionamento infernal da Doutrina, que jamais sairá do impasse: "A relação objetiva de trabalho destaca-se em parte do contrato e recebe diretamente uma regulamentação legal. E, no entanto, o contrato individual de trabalho permanece um elemento fundamental do direito de trabalho"[62]. "No entanto"!

No jogo do direito, a burguesia será sempre vitoriosa. E essa não é uma falsa "lógica" do gênero: "Deve-se optar pelo contrato ou pela empresa, e não jogar alternadamente com os dois instrumentos. Em matéria de greve, já não deveria ser possível, por exemplo, imputar falta aos grevistas pelo fato 'de executarem seus contratos de trabalho em condições outras que aquelas previstas pela convenção das partes ou pelas práticas' [...]"[63], que mudará alguma coisa nisso. Não há "opção", e creio que isso está bem claro no momento.

O direito de greve é um direito burguês. Entendamos: não digo que a greve é burguesa, o que seria um absurdo, mas que o *direito* de greve é um direito burguês. O que quer dizer, muito precisamente, que a greve só atinge a legalidade em certas condições, e essas condições são as mesmas que permitem a reprodução do capital.

3) Segunda incursão: a greve e a política

Os juristas forjaram uma arma extremamente eficaz: o trabalho, dizem, é *profissional*. À primeira vista, o termo parece bem anódino, e é antes uma tautologia. Não se deixem enganar: ele exprime, de fato e apesar das aparências, a própria estrutura do poder político burguês.

Com efeito, quando dizemos que o trabalho é profissional, exprimimos a simples ideia de que ele se manifesta numa relação estritamente privada. E exprimimos também essa outra ideia de que, por esse motivo, ele não tem nada a ver com a política. Aqui, profissional se opõe ao político.

O resultado é que a noção de trabalho está ela própria sujeita a uma distinção tão velha quanto a burguesia, a uma distinção constitutiva do poder político burguês, a saber, a distinção sociedade civil/Estado.

---

[62] Pierre Hébraud, *Droit Social*, 1950, p. 323.
[63] Nota Gérard Lyon-Caen, Corte de Cassação, Câmara Civil, Seção Social, 2 dez. 1964, *Recueil Dalloz*, 1965.

Se, com efeito, o trabalho é profissional, ele evidentemente pertence à esfera econômica, aos interesses privados, ao direito privado; e todo mundo sabe que ao "privado" se opõe o "público" ou o geral, ao singular o universal... Em suma, qualificando o trabalho de "profissional", este é situado do lado do econômico: ao Homem (o trabalhador) o econômico, ao cidadão a participação política. E então a burguesia poderá afirmar serenamente que a política se detém nas portas da fábrica; ela poderá negar à classe operária a única prática de classe que lhe é própria: a greve, uma vez que essa é a única prática em que a classe operária organiza a ela mesma, e para ela mesma, nos locais de produção.

Assim, por essa simples qualificação, os tribunais confinarão as lutas dos operários na legalidade, entenda-se, na legalidade burguesa, isto é, no "não político".

O que nos revela a greve política? A luta de classes, sob a forma de uma luta irredutível entre duas organizações de poder: de um lado, a organização política burguesa, dominante, triunfante, com seus aparelhos constituídos (o aparelho de Estado); e, de outro, a organização política proletária dominada, contaminada, continuamente reduzida à luta "econômica", à qual é negado qualquer caráter "político".

O leitor concebe melhor, penso eu, o interesse dos juristas em "provar" que o trabalho é profissional e, por consequência, que a greve é uma modalidade de defesa dos interesses profissionais. Mas as coisas não são tão simples, porque nesse caso o direito se verá defronte a um grande problema: a definição jurídica da política. E então passaremos de uma definição dada na ordem contratual para uma definição dada na ordem do poder.

a) A teoria da falta contratual

Originalmente, quando triunfava a teoria da greve-ruptura, a jurisprudência girava em falso. De fato, se a greve rompia o contrato de trabalho, isso se devia ao fato de que os assalariados "queriam" modificar as condições de seus contratos. Mas, nesse caso, seria lógico afirmar que a greve política[64], que não visa nenhuma modificação contratual, era lícita.

"Simples suspensão e não ruptura, é isso que a greve certamente seria quando eclodida por uma *causa extrínseca* ao contrato de trabalho (greve de simpatia e solidariedade operária, greve política ou religiosa com o objetivo de obter uma nova liberdade etc.)."[65]

Assim, para o maior dos paradoxos, a greve política significava a fragilidade da teoria da greve-ruptura. Ela intimava a jurisprudência a integrar a greve no contrato

---

[64] No estado atual do direito francês, a qualificação de greve pode ser mantida, desde que as razões da paralisação do trabalho sejam ao mesmo tempo profissionais e políticas – fala-se, nesse caso, de "greve mista" ("grève mixte"). (N. T.)
[65] Nota Colin, cit.

de trabalho, fazendo dela uma cláusula contratual, submetendo-a, em todas as suas manifestações, ao regime do contrato.

E a Corte de Cassação, enredada em suas contradições, julgaria, por exemplo, que um assalariado que cessava seu trabalho para participar do desfile de 1º de Maio não fazia greve, porque essa cessação "não revestia, considerando-se as circunstâncias da causa e o estado dos costumes atuais [...], o caráter de uma greve"[66].

Proposição incongruente: a greve política não é uma greve! Note-se: a Corte de Cassação não dizia que a greve política era abusiva ou ilícita; ela declarava que a greve política não tinha a natureza jurídica da greve. O impasse era total. Ao não integrar a greve no contrato de trabalho, os tribunais, por uma estranha inversão da lógica jurídica, reconheciam à greve política um caráter estritamente político.

E a doutrina vinha em socorro. "No caso de greve política ou de solidariedade", deve-se admitir que a execução do trabalho "encontra-se simplesmente *suspensa*".

> Sem dúvida, podemos considerar que a greve por semelhantes motivos constitui uma falta grave ou um abuso de direito. Mas uma coisa é cometer uma falta contratual, outra coisa é romper o contrato. Os operários que fazem uma greve puramente política não exigem a modificação das condições de trabalho [...] Não é possível considerar, portanto, que eles romperam o contrato de trabalho. Caberá apenas ao patrão, se efetivamente a interrupção do trabalho puder ser qualificada de abusiva, demitir os operários sem lhes pagar a indenização do aviso prévio [...] O resultado é semelhante ao que conduziria à ideia de greve-ruptura, porém apoia-se em uma construção jurídica mais precisa.[67]

Construção jurídica mais precisa? Realmente! Seria melhor dizer: construção política mais precisa. Pois, se a greve deve ser analisada como um direito contratual, e, se, por isso, a greve política deve ser declarada abusiva em nome do contrato de trabalho, chegamos ao seguinte resultado político: a luta dos trabalhadores deve ser relegada ao "econômico".

Não retomarei tudo o que já disse a esse respeito, ou seja, a evolução jurídica do direito de greve, mas gostaria de mostrar como essa nova concepção subverteu o campo jurídico, e como, em particular, a noção de trabalho teve de ser ela mesma elaborada para poder dar conta dessa nova configuração política.

Qual é, perguntam-se os juristas, *o objeto* do contrato de trabalho? Incontestavelmente, da parte do assalariado, é uma prestação de trabalho e, da parte do empregador, uma prestação de salário. E isso é tão "verdadeiro" que essas prestações recíprocas parecem nascer do contrato, do acordo de vontades.

---

[66] Corte de Cassação, Câmara Civil, Seção Civil, 15 jun. 1937, *Recueil Dalloz*, 1938, I, 23, nota Rouast.
[67] Nota Rouast, cit.

Mas, se isso é correto, devemos tirar daí uma consequência fundamental. Se a prestação de serviço nasce do contrato, o assalariado não pode suspender a execução de suas obrigações por *razões extrínsecas* ao contrato, sob pena de cometer uma "falta" contratual; e, se o trabalho é contratual, será então constitutiva de tal falta toda utilização do trabalho para fins outros que não os profissionais. Ora, como a política é exterior ao trabalho, a greve política é abusiva.

Isso é de uma lógica implacável, desde que se suponha resolvido o fato de que a "política" é exterior ao trabalho. Veremos isso mais tarde.

> Há falta quando a greve não tem por objeto defender os interesses profissionais, por exemplo, se tem um propósito exclusivamente político, ou se visa perturbar o funcionamento da justiça, ou se se imiscui com o exercício dos atos reservados ao poder público [...] A falta aqui não está na insurgência contra a ordem estabelecida, que concerne às relações dos grevistas e do Estado. Ela está na insurgência contra o contrato firmado entre os empregados e o empregador (que, aliás, pode ser o próprio Estado, tomado dessa vez como patrão e não mais como poder público). Um contratante não poderia, sob o pretexto de reivindicações políticas, mesmo legítimas, ignorar suas obrigações de ordem privada.[68]

"A greve é uma modalidade de defesa dos interesses profissionais", já dizia a Corte de Cassação[69], e um tribunal poderia estimar que um atraso no início do expediente motivado por razões puramente políticas e, em todo caso, estranhas à situação dos operários, não constitui mais o exercício do direito de greve, uma vez que não corresponde nem a sua natureza nem a seus fundamentos. Reveste-se, ao contrário, de um caráter ilegal, na medida em que constitui uma inexecução das obrigações oriundas do contrato de locação de serviços, inexecução que assume o caráter de uma falta grave e, portanto, pode ser sancionada como tal[70].

Muito bem, mas, se nos atemos a essa argumentação, surge algo insólito. Com efeito, em que implica que a prestação de trabalho seja, por natureza, apolítica? É claro que se pode redarguir, sem cometer erro, que o empregador sofre um prejuízo sem razão válida. A suspensão do trabalho em razão de greve política, dizia o mesmo tribunal, "pode causar indevidamente, e sem razão válida, um prejuízo ao empregador contra o qual ela não é dirigida". "Industriais podem muito bem suspender sua produção diante de impostos excessivos, mas devem primeiro entregar aos clientes a mercadoria combinada."[71] Da mesma forma, se os empregados não estão satisfeitos com a política do Estado, isso não é razão para abandonar a prestação do trabalho a um empregador que não pode ajudá-los.

---

[68] P. Mimin, "La grève encadrée", *Recueil Dalloz*, 1952, cron. XXVII.
[69] Corte de Cassação, Câmara Civil, Seção Social, 23 jun. 1951, *Droit Social*, 1951, p. 532.
[70] Tribunal Civil de Bordeaux, 26 jun. 1952, *La Semaine Juridique (JCP)*, 1953, IV, 24.
[71] P. Mimin, "La grève encadrée", cit.

Nada no comportamento do empresário justifica o prejuízo que a greve política necessariamente lhe causará. Com efeito, a greve não é dirigida contra ele, e ele não tem nenhuma participação na orientação política ou econômica que causou a greve. E, no entanto, ela o privará do benefício do trabalho remunerado, sem que se reduzam suas despesas gerais, suas amortizações e outros elementos de seus custos. Talvez a própria greve o impeça de cumprir os compromissos perante terceiros, tornando-o contratualmente responsável. Esse "prejuízo" da greve política é "gratuito", portanto injusto. Há nela uma injustiça social, em detrimento, dessa vez, do empregador".[72]

Lindo, não? O capital não é "responsável" por sua política, não é "responsável" por "seu" Estado! De um lado, a extorsão de mais-valor, de outro, o Estado, e se pode ver, concretamente, a eficácia da separação sociedade civil/Estado.

Assim, essa primeira resposta já é política. E o fato de o direito levá-la em consideração não deveria nos surpreender.

Mas há algo mais a responder, algo que diz respeito à própria "natureza" da greve. Todos os juristas dirão: a greve é, em si, prejudicial, nociva.

É um fenômeno anormal, contrário aos princípios de desempenho regular do trabalho subordinado que dominam a condição dos assalariados. Esses princípios são indispensáveis ao bom funcionamento de qualquer economia, socialista ou capitalista e liberal. A greve deteriora a produção e traz incerteza [...] A greve, diretamente prejudicial ao empregador, é também, por meio dele, prejudicial a terceiros. Ela o impede de cumprir seus contratos [...].[73]

Então, se toda greve é nefasta por natureza, por que a greve política seria abusiva? Como explicar que o trabalho não é uma mercadoria como as outras, já que é preciso decretar expressamente que ele é "profissional", o que evidentemente não é o caso para qualquer outra mercadoria?

Voltamos ao ponto de partida, e os tribunais tentarão refinar a análise.

b) A teoria do abuso de direito

O que é abuso de direito? É um princípio geral de direito[74] que exprimimos comumente da seguinte forma: "O direito cessa onde seu abuso começa". Essa é uma fórmula esplêndida, que permite todas as grandes manobras.

---

[72] Hélène Sinay, *La grève* (Paris, Dalloz, 1966), p. 186.
[73] Robert Charlier, "Le droit constitutionnel de grève", cit.
[74] Os "princípios gerais de direito" ("principes généraux du droit" ou "PGD") constituem normas com valor geral, "descobertos", que, em diversas oportunidades, decorrem de interpretação judicial. Nestes casos, a doutrina diverge quanto a seu valor de lei: alguns consideram que eles têm o mesmo valor, outros um valor inferior, e outros ainda o mesmo valor do texto do qual são extraídos. Alguns desses princípios podem até ser considerados com valor constitucional. (N. T.)

Vejamos um pouco o efeito sobre nossa pergunta. A Constituição de 1946 colocava de forma clara e precisa o princípio de que "o direito de greve se exerce nos limites das leis que o regulam". Podíamos deduzir que esse direito era absoluto e ilimitado? Que fora outorgado aos trabalhadores e estes podiam exercê-lo como bem entendessem? Pois, das duas, uma: ou os trabalhadores são os únicos senhores de seu direito de greve – e ninguém pode apreciar a oportunidade e a extensão da greve, senão eles – ou, como todo mundo, eles estão submetidos ao direito e o direito de greve pode ser declarado abusivo.

O leitor imagina por um só instante que o direito de greve possa ser absoluto, discricionário? O leitor imagina que os trabalhadores possam usá-lo sem limitação? O leitor imagina, enfim, esta "aberração" jurídica: uma liberdade incondicional, conferida a uma prática de classe? O que aconteceria? O poder aos trabalhadores? Uma nova prática da política que ultrapassaria rapidamente o "horizonte limitado do direito burguês"? Ah, eu nada sei. Mas, se dizemos que o "direito" de greve é um "direito" absoluto, certamente ele não tem mais o caráter de um direito, porque só existe direito limitado por outros direitos. Ou então devemos confessar que estamos diante de um poder comparável ao do Estado, que somente justifica sua existência extrajurídica em nome do interesse geral. E compreendemos a pérfida pergunta que um jurista dirigiu ao Partido Comunista Francês (PCF), a respeito do Artigo 27 de seu Projeto de Lei Constitucional n. 2.128, o qual dispõe: "O direito de greve é reconhecido sem restrições". De que serve um "princípio enunciado [sem] suas limitações [se não] para tornar esses textos inaplicáveis [...] Que cidadão tolerará que em certas circunstâncias se aplique realmente o Artigo 27 [...] A falta de realismo torna-os mais assemelhados a desejos que a direitos"[75].

É claro, e o autor tem razão do ponto de vista do direito. Um princípio sem limitações? Impensável! Vamos mais longe: *antidemocrático*. E encontramos, mais uma vez, a velha ideia rousseauniana da submissão dos interesses particulares ao interesse geral. "Seria inadmissível, democraticamente falando, que centenas de milhares de cidadãos fossem obrigados a suportar um desconforto, ou mesmo danos graves, para permitir a alguns melhorar sua situação, por mais legítimas que sejam em si mesmas suas reivindicações"[76].

De maneira mais nobre e no plano dos princípios: "Há uma antinomia entre o reinado da maioria e as formas atuais de greve [...] Devemos definir e regulamentar um direito que é menos do que qualquer outro um absoluto que escapa às exigências da disciplina social"[77]. Em outras palavras, sendo um direito como outro qualquer, o

---

[75] Jean Morange, "Vers une codification des libertés en France?", *Revue du Droit Public*, 1977, p. 265.
[76] Idem, "Les grèves et l'État", *Recueil Dalloz*, 1947, cron. XXX.
[77] Rivéro, "La réglementation de la grève", *Droit Social*, 1948, p. 58.

direito de greve não só é limitado pelos outros direitos, mas também, em consequência disso, é suscetível de abuso. E isso nos dá uma configuração bastante insólita da democracia: um regime jurídico em que cada direito deve encontrar seu lugar.

Como podemos ver, o direito é da mesma natureza que a esfericidade terrestre de Kant: porque ele é "finito" é que se deve mover as fronteiras, costurar e recosturar no mesmo pano, remendar o manto de Arlequim. Não nego que haja guerrilhas fronteiriças, invasões, ocupações e saques. Mas, como a guerra, o ajuste jurídico é a continuação da política por outros meios.

E a jurisprudência? Ela dá a isso uma aplicação concreta. Convém aplicar o direito à greve, diz o Conselho de Prud'hommes do Sena:

> tendo em conta o princípio absoluto de que o exercício de um direito é limitado pelo abuso que dele poderia ser feito; que um direito não é *jamais ilimitado* numa sociedade organizada; que ele encontra seu *limite natural*, na ausência de regulamentação específica, nos direitos dos outros e da coletividade; que qualquer um que exceda esse limite abusa de seu direito; considerando, de maneira geral, que há abuso de direito quando, em vez de ser guiado por seu interesse próprio ou legítimo ou por aquele da coletividade, aquele que age exerce seu direito em um espírito de animosidade, de dolo, de má-fé e com a intenção de prejudicar, ou simplesmente quando ele não toma as precauções normais ou necessárias para evitar causar problemas, ou ainda mais quando, direta ou indiretamente, viola uma disposição regulamentar ou legal ou busca contorná-la, e essa ação causa um prejuízo individual ou geral.[78]

Assim, a intenção de prejudicar, o dolo, a má-fé, a animosidade etc. está justamente em considerar que o trabalho não é profissional. "Considerando que é um dos princípios gerais que um direito é – em todas as matérias – suscetível de um exercício abusivo; que se o caráter *profissional*, e, portanto, normal, apenas raramente pode ser negado a uma greve [...] nada disso é verdade no presente caso..."[79]

De certa forma, voltamos ao ponto de partida. Não se sabe ainda por que, exatamente, a greve política é abusiva, exceto que ela viola outros direitos. Não se conhece ainda a *questão política* da greve.

Devemos nos voltar, então, para outra análise jurídica.

c) *O desvio de poder*

De esquiva em esquiva, um tribunal entrega o ouro. O comitê de empresa decidiu fazer uma greve de 48 horas. Dizia o panfleto:

---

[78] Conselho de Prud'hommes do Sena, 26 mar. 1947, *La Semaine Juridique (JCP)*, 1948, II, 4.367.
[79] Tribunal Civil do Périgueux, 13 fev. 1951, *La Semaine Juridique (JCP)*, 1951, II, 6.565.

Os trabalhadores da empresa [...] depois do exame da situação e do estudo da resolução do CCN da CGT[80], decidiram entrar em greve por 48 horas pelas seguintes reivindicações: pela libertação de Jacques Duclos; pela libertação de todos os patriotas presos por ter defendido a paz; pelo fracasso do complô contra a liberdade, a paz e a República; pela imposição de um aumento imediato dos salários; pela eliminação de todas as discriminações de lugar, idade e sexo; pela escala móvel automática e integral sobre salários atualizados; pela semana de 40 horas, com o mesmo salário da semana de 48 horas; pelo adicional de férias; pela indenização de 75% para todos os que foram afastados total ou parcialmente.

Greve política? Incontestavelmente, já que:

a simples leitura da pauta de reivindicações mostra que a greve tinha como objetivo primordial e motivação essencial apoiar reivindicações de ordem política e protestar contra uma decisão tomada pelas autoridades regulares do Estado; que as reivindicações profissionais são apresentadas apenas em segunda ordem e formuladas em termos tão vagos que é impossível para o empregador examiná-las utilmente.

Mas por que a greve política é abusiva? Diz o tribunal:

[porque] em seu próprio princípio e em seu uso normal, a greve aparecia essencialmente como um meio dado aos assalariados, agrupados em organizações sindicais, para apoiar suas reivindicações num conflito coletivo de trabalho [...]; que, portanto um prejuízo tanto ao empregador quanto ao próprio assalariado, deve permanecer de uso excepcional e conforme com seu objetivo, que é obter melhorias das condições materiais e morais de existência dos operários, mas não obter *pela força* a modificação de uma decisão tomada pelas autoridades regulares do Estado; que uma concepção diferente da greve levaria a conferir aos agrupamentos sindicais uma *força equivalente à do Estado*.[81]

Começamos a emergir dessa história, pois enfim se fala de *poder*, de força, de Estado. E vemos despontar a verdadeira noção implementada pelo direito, que é dessa vez um conceito político: *desvio de poder*. Nesse conceito, encontramos até uma velha relação que tínhamos deixado de lado: a relação de fato e de direito.

A greve pode tornar-se ilícita em sua motivação:

se tiver sido desencadeada por um motivo sem relação com o contrato de trabalho. "Greve extraprofissional", como a jurisprudência denomina a greve puramente política ou a greve de solidariedade, exemplo claro do uso do direito contrário a sua finalidade social de defesa dos interesses profissionais, ou exercido em condições anormais. Nesse caso, a noção civilista de abuso de direito é, embora mais ampla, próxima daquela, familiar aos

---

[80] Comité Confédéral National (CNN) e Confédération Générale du Travail (CGT). Esta última é uma entidade sindical de trabalhadores. (N. T.)
[81] Tribunal de Paz de Villeneuve-sur-Lot, 28 out. 1952, *La Gazette du Palais*, 1953, I, 160.

publicistas, de *desvio de poder*; aliás, de longa data tem sido apresentada a propósito da atividade dos sindicatos promotores ou instigadores de conflitos; se a greve é um meio e não um fim, por conseguinte, para avaliar se ela é legítima, se "não está fora de seu enquadramento direto", se se tornou assim abusiva, o juiz deve considerar o motivo e apreciar seus resultados à luz do direito comum do contrato de trabalho, para identificar, como em qualquer caso de ruptura, a noção de falta de um dos contratantes.[82]

Mas o que, então, é *desvio de poder*, essa noção emprestada do direito público, do direito do Estado, essa noção que tem relação com o *poder*? Há desvio de poder, diz-se, quando uma autoridade administrativa usa um poder que lhe é dado pela lei com um objetivo totalmente diferente daquele que o legislador previra. Por exemplo: quando uma autoridade administrativa usa seu poder para atender um rancor pessoal (um prefeito que subordina a autorização de uma festa pública à condição de que um inimigo pessoal não seja mantido como tesoureiro da comissão organizadora da festa)[83], porque o poder, na França, somente deve ser usado pelo interesse público. Outro exemplo, e este já é mais elaborado: quando a administração usa seu poder com um interesse público diferente daquele em vista do qual esse poder lhe foi conferido. Assim:

> consideráveis poderes de polícia foram dados pela lei ao prefeito e, em alguns casos, ao chefe de polícia, mas unicamente para prevenir ou impedir as ameaças à ordem pública, segurança pública ou saúde pública; mas o prefeito ou o funcionário público não devem usar esses poderes para alguma outra finalidade, ainda que legítima em si mesma.[84]

No próprio conceito de desvio de poder, encontramos uma relação bem conhecida: a do fato e do direito. Um poder exercido com uma finalidade diferente da prevista por lei torna-se de "fato" e até, em última instância, uma via de fato.

E a greve política? Muito simples. Uma vez que a greve é usada para fins de poder, ela se torna política. Em poucas palavras, a classe operária "não tem o direito" de usar seu poder fora dos limites da legalidade burguesa, que é, evidentemente, a expressão do poder de classe da burguesia. Como podemos ver, não se trata mais, de modo algum, de um conflito de direito. Trata-se de luta de classes: de um lado, o direito, inclusive o direito de greve; de outro, o "fato" das massas, isto é, a greve; de um lado, um poder legal; de outro, um poder bruto, elementar, inorganizado.

---

[82] Nota Delpech, Tribunal Civil do Périgueux, 13 fev. 1951, *La Semaine Juridique (JCP)*, 1951, II, 6.565.
[83] Conselho de Estado, 14 jan. 1910, *Recueil Lebon*, p. 23. [O Conselho de Estado é a mais alta jurisdição administrativa francesa. Qualquer litígio envolvendo uma pessoa pública ou privada, encarregada de um serviço público, remete, a princípio, à competência das jurisdições administrativas e, em última instância, à do Conselho de Estado. (N. T.)]
[84] Marcel Waline, *Traité de droit administratif* (Paris, Sirey, 1959), p. 745.

Pois há realmente dois mundos: o mundo do direito, da harmonia, do equilíbrio, e o mundo do "fato", da anarquia, da violência. Tudo o que não é jurídico é perigoso, porque pertence ao domínio do "inominável", do obscuro, do não dito, ou seja, do não classificado. No inominável, além das fronteiras, portanto além dos oficiais da alfândega.

A greve é uma "prova de força"; há nela "uma forma primitiva, forte e rude; é ao direito de legítima defesa que mais prontamente a vincularíamos"[85]. E ainda:

> A greve é essencialmente uma manifestação de força em apoio de certas pretensões, um recurso à justiça privada, em substituição à resolução pacífica de conflitos e à proteção dos direitos que organizam um regime de legalidade; é nisso que ela é uma antecipação do direito, uma anomalia que deve desaparecer em um regime jurídico consolidado [...] Uma arma insurrecional que não poderia ter sido criada, cujo exercício anárquico destruiria toda autoridade política e toda organização social.[86]

O velho terror burguês, o ódio ao "povo", os ecos medievais: "Tal qual o quente e o frio na física medieval, o 'profissional' ou 'econômico' são, por natureza, excluídos do político"[87].

Há, portanto, justamente uma questão de poder na greve política, e poder de classe; há justamente uma questão de luta de classes irredutível, que toma a forma "jurídica" de um conflito entre o fato e o direito. E o desvio de poder nos fala precisamente de um poder desviado. De quê? Da democracia. Para quê? Para a ditadura ou a anarquia.

> Devemos repetir, em todo caso, que permitir que movimentos de greve desencadeados por minorias ponham em xeque as decisões do parlamento ou do governo significa sabotar as instituições democráticas para substituí-las, a médio ou longo prazo, seja por um Estado organizado do modo sindical, seja, mais provavelmente, pela anarquia, geradora de todas as ditaduras.[88]

Em nome do direito, os trabalhadores não podem vincular sua luta contra o capital a sua luta contra o Estado.

E os tribunais vigiam. O comissário do governo Laroque, um grande liberal, diante da Corte Superior de Arbitragem, jurisdição "social" criada em 4 de março de 1938:

> O caráter ilícito da greve política resulta, a nosso ver [...] do próprio fim político da greve, do fato de que essa greve assume a forma de um protesto violento contra a ordem

---

[85] Rivéro, "La réglementation de la grève", cit.
[86] Pierre Hébraud, cit.
[87] Pierrete Rongère, "Les comités d'entreprise et la politique", *Droit Social*, 1976, p. 483.
[88] Jean Morange, "Vers une codification des libertés en France?", cit.

estabelecida, contra a lei, contra o governo. A greve política, mesmo desacompanhada de qualquer violência direta, tem parentesco com o motim, a insurreição: é um ato revolucionário. Atenta contra a ordem pública: é, por isso mesmo, ilícita.[89]

E a Corte estatui:

Considerando que a paralisação do trabalho [...] ocorreu unicamente para obedecer a ordens dadas por uma organização sindical em vista de fins políticos; que tal movimento, estranho a qualquer reivindicação profissional, atentava abusivamente contra os direitos que os empregadores tinham pelos contratos de trabalho celebrados com os empregados.[90]

Mais precisamente: é política a greve que "se integra em um movimento geral de inspiração exclusivamente política, tendo por fim insurgir-se contra a ordem estabelecida [...]"[91].

E o que se deve entender por "ordem estabelecida"? Funcionários da SNCF[92] manifestam-se perante um tribunal para exigir a libertação de seus companheiros presos durante uma manifestação política? Greve política. "Há uma vontade pura e simples de impressionar – pela força – o tribunal [...] essa *via de fato*, atentatória à independência do juiz, é, para uma greve, objeto de uma ilicitude máxima [...]."[93] Há manifestação contra a vinda à França do general Eisenhower? Greve política[94]. O jornal *L'Humanité* convida os operários a reagir contra a proibição do governo de "manifestação antifascista tradicional" em 12 de fevereiro, aniversário da greve geral de 12 de fevereiro de 1934, greve política[95]. A Assembleia Nacional, em sessão de 3 de março de 1950, vota medidas de censura e exclusão de dois deputados comunistas; uma parte dos trabalhadores da estação ferroviária de Saint-Charles, em Marselha, faz greve: greve essencialmente política, diz a Corte de Cassação[96]. Em 6 de dezembro de 1961, um folheto distribuído pela CGT, pelo Partido Comunista, pela União dos Jovens Comunistas, pelo Partido Socialista Unificado e pela Liga dos Direitos Humanos convoca uma greve para lutar "contra o fascismo e a OAS[97]", greve política, e os participantes cometem

---

[89] Conclusões, Tribunal Superior de Arbitragem, 15 fev. 1939, *La Gazette du Palais*, 1939, I, 439.
[90] Idem.
[91] Sentença arbitral, 14 jan. 1939, *La Gazette du Palais*, 1939, I, 345.
[92] Société Nationale des Chemins de Fer Français, empresa pública francesa de transporte ferroviário. (N. T.)
[93] Tribunal Civil do Périgueux, cit.
[94] Tribunal Civil do Sena, 22 dez. 1952, *La Gazette du Palais*, 1953, I, 160.
[95] Tribunal de Apelação de Paris, 9 jul.1954, *La Semaine Juridique (JCP)*, 1955, II, 8.360.
[96] Corte de Cassação, 23 mar. 1953, *Recueil Dalloz*, 1954, p. 89.
[97] A Organização Armada Secreta é uma organização francesa político-militar clandestina, criada em 1961, logo após a aprovação do referendo sobre a autodeterminação da Argélia, que defendia a "Argélia francesa". (N. T.)

falta grave, o que justifica uma suspensão de dois dias[98]. E a Corte de Cassação nos deixa esta fórmula surpreendente:

> Se a lei e o Preâmbulo da Constituição deram aos assalariados o direito de recorrer à greve para defender seus interesses profissionais, esse direito é desviado de seu destino normal e a greve se torna ilícita quando eles interferem no exercício dos atos reservados ao poder público, distorcendo assim o jogo das instituições constitucionais.[99]

Pudemos perceber: a política, para o direito, é o funcionamento das instituições constitucionais, o que exclui a classe operária enquanto classe, e a transforma em uma soma de cidadãos. E pudemos perceber o que escondia a distinção profissional/político: a proibição legal aos trabalhadores de considerar a luta "econômica" uma luta "política".

E, se mais uma prova fosse necessária, reporte-se o leitor aos trabalhos preparatórios da lei de 1884 sobre o direito de associação.

Em 22 de novembro de 1880, é apresentado um projeto de lei sobre o direito de associação. Ele dispõe: "Os sindicatos profissionais têm *exclusivamente* por objeto o estudo e a defesa dos interesses econômicos, industriais e comerciais comuns a todos os seus membros e dos interesses gerais de suas profissões e ofícios".

Em 1881, a Câmara dos Deputados vota o texto, suprimindo, por uma emenda, o advérbio "exclusivamente".

No Senado, pediu-se seu restabelecimento. Relatório de Marcel Barthe. A classe operária é dividida em duas:

> [de uma parte] os trabalhadores razoáveis, laboriosos, honestos, que procuram na formação de sindicatos profissionais um meio pacífico para defender seus interesses [...]; [de outra parte,] socialistas revolucionários, que não reconhecem e não querem admitir outros procedimentos de reforma senão a violência e a espoliação, e para os quais os sindicatos profissionais são somente um meio de organizar um exército revolucionário, com a ajuda do qual eles podem, no momento que lhes pareça oportuno, fazer um assalto supremo a nossa sociedade, que eles chamam de sociedade capitalista.[100]

Béranger extrai as consequências: não se deve permitir "a constituição de sociedades operárias que se deem abertamente um fim político e que se insurjam contra a ordem social"[101]. E o relator apoia a emenda: "Se a palavra 'exclusivamente' for

---

[98] Conselho de Prud'hommes de Douai, 27 nov. 1962, *La Gazette du Palais*, 1963, I, 272.
[99] Corte de Cassação, Câmara Civil, Seção Social, 4 maio 1956, *La Semaine Juridique (JCP)*, II, 9.422.
[100] Relatório, 24 jun. 1882, *Journal Officiel de la République Française. Débats Parlementaires*, p. 688.
[101] Senado, sessão de 8 jul. 1882, *Journal Officiel de la République Française. Débats Parlementaires*, p. 751.

suprimida, as associações de operários e de patrões poderão, sob uma aparência de legalidade, constituir associações políticas. Ora, é isso que não queremos"[102].

Não se pode ser mais claro.

Então, podemos chegar, talvez, a uma pergunta final. Até que ponto podemos ir, permanecendo no terreno das liberdades; até que ponto podemos trabalhar politicamente? O que podemos esperar da referência aos direitos do homem e, melhor ainda, ao direito *tout court*? Pois o terreno das "liberdades" está minado, assim que se pensa juridicamente a liberdade.

Os direitos do homem?

A greve "não é um simples controle de si sobre si, uma simples *liberdade*. É uma ação sobre e contra os outros, um empreendimento de *poder*: sobre o empregador, sobre o público, sobre os governantes e, necessariamente, sobre os próprios trabalhadores... A greve busca natural e necessariamente, para ser bem-sucedida, impor-se como poder. A *greve-liberdade* é vã, não tem sentido"[103].

E é por isso que a própria noção de "direitos do homem" é totalmente refratária ao "direito de greve".

Tradicionalmente, diz-se que os direitos do homem são inerentes à pessoa humana; que escapam, por conseguinte, não só à influência do legislador, mas também à regra da maioria. Esse princípio aplicado à greve é impraticável. A greve é um ato coletivo; *um* grevista fazendo greve é um absurdo.

Diz-se ainda que os direitos individuais encontram seus limites naturais na obrigação de não prejudicar os outros. Ora, prejudicar os outros é inerente à greve. Consequentemente, "a greve é, por natureza, o ato de uma coletividade, e, se é necessário dar um titular ao direito de greve, nós o atribuiríamos às coletividades particulares, e não aos indivíduos"[104]. Conclusão: se o direito à greve não é inerente à pessoa humana, é preciso regulamentá-lo; se a greve é um poder, deve-se constituí-la em direito, submetido ao regime da legalidade.

Se nos voltarmos para os *fins últimos* do direito, encontraremos a mesma coisa.

> Uma autoridade sobre o outro, um atentado contra a liberdade deve ser sempre reduzido ao mínimo possível, e só se justifica quando apresenta uma utilidade social. Cabe ao Estado verificá-lo em última instância; ele deve proteger as liberdades dos particulares contra os poderes privados, e defender sua própria soberania para realizar os fins comunitários que lhe são incumbidos. A greve-poder não é, portanto, admissível enquanto houver um Estado verdadeiro, a não ser que este a autorize por uma espécie

---

[102] Ibidem, p. 754.
[103] Robert Charlier, "Le droit constitutionnel de grève", cit., n. 27.
[104] Rivéro, "La réglementation de la grève", cit.

de delegação do poder público. Ele deve permiti-la? Ela é uma doença do corpo social. Portanto, não devemos esconder de nós mesmos que se deve evoluir lógica e normalmente para a supressão pelo Estado de qualquer faculdade de greve.[105]

A democracia até o fim, esse é o fim da luta de classes; a democracia até o fim, *para os juristas*, isto é, do ponto de vista do direito, é o estado de direito enfim realizado. É uma ilusão trágica tomar o socialismo jurídico pela teoria marxista-leninista. Uma ilusão trágica que está no coração do stalinismo e do "Estado de todo o povo".

Dirá um profeta:

> Em último caso, uma ordem inteiramente justa, uma cidade harmoniosa, faria desaparecer até mesmo a memória do direito de greve, não o proibindo, o que correria o risco, ainda mais uma vez, de ser um esforço vão, mas tornando-o inútil pela multiplicação das garantias sociais.[106]

Este é o sonho da burguesia: um capitalismo garantido de uma vez por todas pelo direito. Este é também o sonho de um certo "socialismo": um socialismo de uma vez por todas garantido pelo direito.

E, se retornamos à terra e finalmente nos voltarmos para a *democracia real*, veremos que os juristas mais progressistas, os mais bem-intencionados, jamais ultrapassaram essa visão da política, jamais conseguiram pensar além do direito.

Exemplo, mas darei outros mais tarde, em outra ocasião:

> O grevista político pode ser visto como agindo não apenas em sua qualidade de trabalhador, mas igualmente em sua qualidade de *cidadão*. Ele utiliza os meios do assalariado para fins "cívicos" – se entendermos por civismo não a fidelidade a um governo em particular, mas qualquer atividade tendente a uma melhor organização da "cidade". Com isso, os grevistas buscam expressar seu desacordo com os próprios representantes eleitos por sufrágio popular, ou os governantes ativos...
> Assim, apesar das dificuldades encontradas, a noção de greve política pode ser definida da seguinte forma: greve de protesto contra a orientação política ou econômico-política do governo, da qual o assalariado participa em sua dupla qualidade de trabalhador e cidadão.[107]

O que isso quer dizer? Que o trabalhador deve comportar-se como um "cidadão" nos locais de trabalho. Isto é, se formos até o fim, que a visão burguesa da política é transferida para a *empresa*.

---

[105] Robert Charlier, "Le droit constitutionnel de grève", cit., n. 30.
[106] Rivéro, "La réglementation de la grève", cit.
[107] Hélène Sinay, *La grève*, cit., p. 183-4.

E isso é, como suspeitamos, algo crucial, fundamental. Então, para encerrar esse ponto, proponho ao leitor justamente que acompanhe a política nos locais de trabalho. Teremos assim uma visão mais totalizante da legalização da luta de classes no lugar onde ela se enraíza em primeiro lugar: a produção.

Segunda parte

Empresa e política

A questão se coloca concretamente em uma estratégia do Partido Comunista Francês (PCF). No XXII Congresso do partido, G. Machais declarou: "A empresa tornou-se não apenas o lugar privilegiado da luta econômica, mas da própria batalha política [...] É primeiro e antes de tudo na empresa que se ganhará a batalha para dar ao nosso partido o lugar que lhe cabe na vida nacional". E o partido se lançou à luta.

A resposta oficial não tardou. Em 5 de janeiro de 1977, a questão é evocada no Conselho de Ministros, e o Presidente da República denunciou a "tentativa de politização das empresas":

> Essa tentativa é contrária à natureza da empresa, que deve continuar a ser um local de trabalho, conservando seu quadro de neutralidade política, e onde as preocupações dos trabalhadores se exprimem por meio das organizações sindicais e pelas instituições representativas da vida das empresas.

O Presidente da República manifestou "espontaneamente" um grande princípio do direito do trabalho: "a neutralidade política" da empresa. Manifestou, ao mesmo tempo, a "filosofia" política burguesa: a produção capitalista – a extração de mais-valor – é um processo politicamente neutro.

Em consequência, a empresa aparecia como um verdadeiro "aparelho político-econômico" – isto é, um aparelho em que a "política" não existe "em pessoa", mas na forma do "profissional" – e até como o primeiro dentre os "aparelhos político-econômicos", já que é lá, em primeiro lugar, que o capital se produz e se reproduz.

A luta de classes, no seio da empresa, é intimada a despojar-se de seu "aspecto político". E então assistimos a uma batalha inclemente, em que a política se torna uma questão jurídica. Como? Por uma razão muito simples. O partido, para penetrar nas empresas, tentou utilizar-se dos comitês de empresa; fazendo-se convidar por eles para expor, nos locais que lhes são legalmente destinados, sua política. O partido argumentou que as atribuições dos comitês de empresa permitiam que eles convidassem impunemente partidos políticos.

Com efeito, entre as obras sociais confiadas aos comitês de empresa – ou de estabelecimento –, o Artigo R. 432-2 do Código do Trabalho[1] enumera "as instituições de ordem profissional ou educativa ligadas à empresa ou dependentes dela, tais como os centros de aprendizagem ou formação profissional, as bibliotecas, os círculos de estudo, os cursos de cultura geral ou de ensino de economia doméstica".

Por que, então, a política não seria um "curso de cultura geral"? Veja: trata-se de prender a burguesia na armadilha de sua própria legalidade, valer-se astuciosamente de seu direito. Mas o tiro saiu pela culatra, pois o patronato respondeu à altura. Não só reafirmou juridicamente a neutralidade política da empresa, como ainda forçou o Partido Comunista a aceitar sua definição de política.

A estratégia patronal se desenvolveu baseada em duas linhas de defesa. A primeira é tradicional, e conhecemos sua eficácia. A segunda, como veremos, é mais original.

---

[1] Antigo Artigo R. 432-2 do Código do Trabalho, revogado pelo Decreto n. 2008-244 (V): "As atividades sociais e culturais estabelecidas na empresa em benefício dos assalariados ou antigos assalariados da empresa e em benefício de sua família compreendem: 1º As instituições sociais de previdência e amparo tais como as instituições de aposentadoria, as sociedades de socorros mútuos; 2º As atividades sociais e culturais que tendem ao melhoramento das condições de bem-estar, tais como as cantinas, as cooperativas de consumo, os alojamentos, os jardins operários, as creches, as colônias de férias; 3º As atividades sociais e culturais que têm por objetivo o lazer e o esporte; 4º As instituições de ordem profissional ou educativas ligadas à empresa ou dependentes dela, tais como os centros de aprendizagem e de formação profissional, as bibliotecas, os círculos de estudos, os cursos de cultura geral e de educação orçamentária doméstica; 5º Os serviços sociais encarregados: a) de velar pelo bem-estar do trabalhador na empresa, de facilitar sua adaptação a seu trabalho e de colaborar com o serviço médico da empresa; b) de coordenar e de promover as realizações sociais decididas pelo comitê de empresa e pelo chefe da empresa; 6º O serviço médico instituído na empresa". Novo Artigo R. 2323-20, modificado pelo Decreto n. 2008-244: "As atividades sociais e culturais estabelecidas na empresa em benefício dos assalariados ou antigos assalariados da empresa e em benefício de sua família compreendem: [...] 4º As instituições de ordem profissional ou educativas ligadas à empresa ou dependentes dela, tais como os centros de aprendizagem e de formação profissional, as bibliotecas, os círculos de estudos, os cursos de cultura geral e de educação orçamentária doméstica; 5º [...] a) De velar pelo bem-estar do trabalhador na empresa, de facilitar sua adaptação a seu trabalho e de colaborar com o serviço de saúde no trabalho da empresa; b) De coordenar e de promover as realizações sociais decididas pelo comitê de empresa e pelo empregador; 6º O serviço de saúde no trabalho instituído na empresa". (N. T.)

Primeira linha de defesa: direito de propriedade e contrato de trabalho

Eis uma excelente síntese da doutrina:

No plano do direito positivo está claro que a lei não dá aos partidos políticos nenhum direito de organização ou expressão na empresa. Os poderes que o empregador tem por seu direito de propriedade sobre os bens da empresa e a autoridade que ele exerce sobre as pessoas em virtude do contrato de trabalho permitem-lhe opor-se a que os bens sejam utilizados por agrupamentos políticos para manter reuniões ou fazer propaganda na empresa, e que as pessoas se dediquem a atividades estranhas ao trabalho e suscetíveis de atrapalhar sua boa execução.[2]

Isso significa precisamente que o direito de propriedade do empregador sobre os bens da empresa e a autoridade que ele exerce sobre os trabalhadores são da mesma natureza; que os "bens" e os trabalhadores têm a mesma natureza jurídica. Em suma, que o trabalhador é uma máquina que, durante a jornada de trabalho, pertence ao patrão. Depois disso, ele pode voltar a ser um "cidadão".

Darei ao leitor uma ilustração bastante excepcional dessas questões.

Em 11 de dezembro de 1975, depois de anunciar de véspera, por meio de panfletos, uma visita, dois conselheiros-gerais e um conselheiro municipal, todos comunistas, foram para o estacionamento da fábrica Ferodo[3], na zona industrial de Amiens, onde permaneceram das 13h30 às 14h30. Eles falaram aos operários e distribuíram panfletos. Os dirigentes da fábrica apresentaram-lhes, por meio de um oficial de justiça, uma ordem intimando-os a deixar o local. Eles se recusaram e retornaram várias vezes ao estacionamento para distribuir panfletos e autografar livros. A companhia os processou e o Tribunal de Amiens os condenou a pagar 4 mil francos de indenização à empresa por lhe ter causado prejuízos tanto morais quanto materiais, relativos sobretudo às despesas processuais, ao tempo gasto nos procedimentos e ao atentado ao direito de propriedade e à ordem necessária na empresa. Mais precisamente, a empresa argumentou que tais mandatários comunistas "atentaram contra seu direito de propriedade tal como definido pelo Artigo 544 do Código Civil, contra sua autoridade e contra a neutralidade dos lugares que devem ser consagrados ao trabalho".

O leitor reconhecerá aí os dois fundamentos jurídicos que se opõem ao ingresso da política na empresa. De um lado, o local pertence ao patrão; de outro, os operários, enquanto tais, pertencem ao "trabalho", isto é, ao patrão.

---

[2] Jean Savatier, "Les activités politiques dans l'entreprise", *Droit Social*, 1977, p. 231.
[3] A Ferodo (hoje, Valeo) é uma sociedade anônima francesa de fabricação e venda de peças para a indústria automobilística. (N. T.)

Foi por isso que os militantes alinharam certo número de objeções no mínimo impressionantes. São as seguintes:

1) "A propriedade privada dos meios de produção não se estenderia à propriedade sobre a pessoa dos trabalhadores." Por conseguinte, os trabalhadores, que não deixam de ser "homens", "sujeitos", não podem ser privados "de seus direitos de pensamento, de expressão e de informação". Entenda-se: o operário não é uma máquina, ele permanece investido dos "direitos do homem". Entenda-se ainda: só se pode opor, em direito, ao operário, como "propriedade do empregador", o operário detentor de liberdades públicas.

2) "O direito de propriedade não impede que o proprietário seja obrigado a aceitar certo número de imposições de interesse social que não põem em causa seu direito de propriedade." Entenda-se: o direito de propriedade deve acomodar-se à existência dos operários que são "homens"; a "humanização" do operário é uma "imposição de interesse social".

3) "A Ferodo nunca se privou de aproveitar a presença dos trabalhadores na fábrica para desenvolver largamente a propaganda política do patronato."

4) "A interlocução incriminada deu-se no estacionamento, isto é, fora do local de trabalho, e durante a troca de turno, isto é, fora do horário de trabalho."

E o tribunal sentenciou com fervor[4]. Como o leitor verá, a decisão foi surpreendente e merece permanecer nos anais.

Sobre a ofensa ao direito de propriedade:
Considerando que o Artigo 544 do Código Civil prevê que: "O direito de propriedade é o direito de fruir e dispor das *coisas* da maneira mais absoluta, contanto que delas não se faça um uso proibido pelas leis e pelos regulamentos".
Considerando que convém observar preliminarmente que esse artigo, assim decretado e promulgado em 1884, define um direito de propriedade que pode ainda ser aquele do proprietário de um pavilhão, do camponês, do proprietário de uma porção de terra, e mesmo do dirigente de uma pequena empresa, mas não se pode comparar, senão absurdamente, com aquele de uma companhia integrada a um grupo multinacional.

Que seja, e vejamos um pouco com que tipo de propriedade estamos lidando.

Considerando que a noção de propriedade desse tipo de empresa somente pode ser apreciada levando-se em conta certo número de elementos, dos quais:
1º) elas são subvencionadas em parte pelo dinheiro público alocado na forma de isenções fiscais ou de reserva de mercado, portanto indiretamente *por todos os cidadãos*

---

[4] Tribunal de Instância de Amiens, 10 ago. 1976, *Droit Social*, 1976, p. 490. [O "Tribunal d'Instance" é uma jurisdição civil de primeiro grau, competente em especial para as demandas que envolvam de 4 mil a 10 mil euros. (N. T.)]

(ressalte-se, com base em uma nota difundida dentro da fábrica Verto, que a isenção fiscal chegou, em 1975, a 2.714.000 francos);

2º) suas ações são detidas em parte por outras empresas, e seu capital bancário é de dimensão internacional;

3º) os operários são também acionistas, ainda que por uma ínfima parte.

E é aí que o sonho começa. "Os redatores do Código Civil", diz o juiz, "não podiam prever que certas formas de direito de propriedade, em razão de suas características, seriam, no futuro, limitadas por imposições sociais indispensáveis". Exemplos: "Não podiam imaginar que um motorista, proprietário de seu veículo, não poderia conduzi-lo a seu bel-prazer; que, da mesma forma, um industrial não poderia invocar seu direito de propriedade para criar incômodo ou poluição na vizinhança, pondo em questão o interesse geral".

Pois bem, mas veja-se o salto: "Considerando que em nossa época é inegável que o direito positivo impõe obrigações aos empregadores, enquanto estão em seu terreno e em seus edifícios; que é *próprio do direito do trabalho* pôr limites a seu abuso". Em outras palavras, o direito do trabalho é necessário contra a propriedade privada; o direito do trabalho se tornará esse conjunto de regras que permitiria aos trabalhadores tornarem-se "homens" em seu trabalho. O que o tribunal nos propõe, de fato, é fazer respeitar *no* trabalhador os direitos do homem, que se apresentariam assim como um limite aos abusos do direito de propriedade.

> Considerando que, correlativamente às obrigações dos empregadores, existem direitos pertencentes aos trabalhadores; que tais disposições têm por função preservar os direitos fundamentais de todo homem despossuído em face daquele que detém os meios de produção, direito à vida, direito à liberdade, direito de pensar, de expressar-se, de informar-se etc.

E leia-se este apelo patético, esta descrição da vida operária, que nunca se viu em nenhuma decisão judicial:

> Considerando que o trabalhador passa a maior parte de seu tempo de vigília na fábrica; que ele deixa ali grande parte de si mesmo; que ele ganha ali os meios de vida e de subsistência de sua família; que ele desempenha ali o elevado papel de produtor em prol do interesse de todos; que, embora ele não tenha o direito de nada tomar ou destruir, há de se convir que a fábrica é como sua casa [...]; que o tempo que ele passa na empresa é o essencial, quantitativamente, da vida de um trabalhador; que ela é, portanto, o principal lugar onde os trabalhadores podem ter juntos uma vida social e política; que lhes deve ser permitido, portanto, exercer nesse contexto, tal como fora dele, todos os seus direitos de cidadão, na medida em que estes não entravem o bom desenrolar do trabalho nem ocasionem desarranjo ou degradação; que, no presente caso, os trabalhadores receberam no estacionamento da fábrica Verto, isto é, fora do local de trabalho, e

durante a troca de turnos, isto é, fora do horário de trabalho, os mandatários locais, cujo direito e dever é falar aos cidadãos; que assim os operários exerceram seu direito de serem informados.

Por conseguinte, o empregador deve aceitar tal imposição, "ainda mais facilmente quando não ameaça seu interesse de proprietário, uma vez que não lhe causa nenhum embaraço ou deterioração".

Que ilusão! Como se não houvesse "embaraço" que não fosse "material"! Como se a luta ideológica não fosse um embaraço tão material quanto a deterioração das máquinas! Como se a tomada de consciência revolucionária não fosse um perigo! E como se, enfim, os "imortais princípios" dos direitos humanos não se tornassem subversivos, *contra sua própria vontade*, quando se quer aplicá-los em uma empresa multinacional.

O Tribunal de Instância sonha, e o Tribunal de Apelação, como veremos em seguida, encarrega-se de despertá-lo.

Mas continuemos.

Sobre a ofensa à autoridade:
Considerando que é verdade que todo chefe de empresa dispõe de certa autoridade sobre seus trabalhadores e terceiros, no local de trabalho, notadamente para fazer respeitar as normas relativas à segurança, à ordem necessária, à execução das tarefas, autoridade que, tal como o direito de propriedade, tem seus limites; considerando, em particular, que não cabe ao chefe de empresa intervir para restringir o exercício dos direitos fundamentais de seus trabalhadores, que não lhe acarreta nenhuma consequência danosa.

E é ainda a mesma ilusão, a ignorância dos efeitos materiais da ideologia. Melhor ainda: o desconhecimento da exploração de classe. A melhor vontade jurídica não impedirá que a luta de classes subverta irremediavelmente o direito. Aqui, novamente, o Tribunal de Apelação não se engana.

Sobre a ofensa à neutralidade:
Considerando que permanecer neutro é abster-se de tomar partido; que tal atitude pode realizar-se em duas situações opostas: seja na ausência total de opiniões, no silêncio mais completo, seja, ao contrário, na multiplicação de fontes de informações, de pensamentos, de comentários;
Considerando que a companhia Ferodo, longe de abster-se de comunicar seu pensamento aos trabalhadores, difunde internamente folhetos a eles destinados, e nos quais comenta, a sua maneira, os eventos políticos, sociais, e mesmo judiciários;
Considerando que assim se pode ler no *Information*, número de maio de 1975, um artigo que trata das "consequências comerciais do conflito Renault"; que os gerentes foram vistos distribuindo, no mesmo mês, exemplares de *Notes et Arguments*

(n. 53, abril de 1975), revista do CNPF[5], nos quais se encontrava um longo artigo intitulado "A empresa está em reforma permanente" [...]; considerando que, tendo a Ferodo, dessa forma, falhado repetidamente no dever de neutralidade que quer impor aos outros, o único meio de restabelecer a neutralidade dentro da empresa seria multiplicar as informações e as opiniões para que sejam respeitadas as liberdades de pensamento e de expressão de cada trabalhador; considerando que os mandatários comunistas, ao se dirigirem aos trabalhadores no estacionamento da fábrica, contribuíram para essa concepção de estabelecimento da neutralidade; que essa situação, um sopro de vida propício ao desenvolvimento humano, parece ainda muito preferível ao silêncio.

Trata-se de um documento extraordinário, que inaugura um campo de batalha de notável sutileza.

Para compreendermos a situação toda, para compreendermos a relação entre o direito e a luta ideológica, temos de retornar a Engels. Diante da questão da igualdade, Engels escreveu:

> Ou ela [essa reivindicação] é a reação natural contra as gritantes desigualdades sociais, contra o contraste entre ricos e pobres, entre senhores e servos, entre glutões e esfomeados – esse é o caso principalmente nos primórdios, como na guerra dos camponeses – e, como tal, é simplesmente expressão do instinto revolucionário, tendo nisso, e só nisso, a sua justificativa. Ou, então, ela surge da reação contra a exigência burguesa de igualdade, extrai dessa exigência outras mais avançadas, mais ou menos corretas, serve de meio de agitação para estimular os trabalhadores contra os capitalistas valendo-se das afirmações dos próprios capitalistas e, nesse caso, fica de pé ou cai junto com a própria igualdade burguesa. Nos dois casos, o conteúdo real da exigência proletária de igualdade é a exigência da *abolição das classes*. Toda exigência de igualdade que vai além disso necessariamente se esvai no absurdo.[6]

O que diz Engels? Na luta ideológica, há um conteúdo explícito e um conteúdo latente. O conteúdo explícito é a ideologia burguesa tomada literalmente, voltada contra ela própria; o conteúdo latente é a abolição das classes.

Mas Engels diz também que o conteúdo explícito só é revolucionário em sua relação com o conteúdo latente. Com efeito, se o proletariado se limitasse a tomar a burguesia ao pé da letra, se se contentasse em opor-lhe suas próprias afirmações, ele perderia de vista seus próprios interesses de classe. É por isso que se deve

---

[5] Conseil National du Patronat Français, organização criada em 1945 com o intuito de representar o patronato francês. (N. T.)
[6] Friedrich Engels, *Anti-Dühring: a revolução da ciência segundo o senhor Eugen Dühring* (trad. Nélio Schneider, São Paulo, Boitempo, 2015), p. 138.

utilizar a ideia de igualdade como um "meio de agitação", nada mais, sob pena de afundar no reformismo[7].

Fiz essa citação por uma razão bem precisa: nosso julgamento me parece sua perfeita ilustração.

a) *A literalidade*

O que faz o tribunal? Toma o direito ao pé da letra, do começo ao fim.

Vejamos a empresa. Nós sabemos bem, na prática, que a empresa é o lugar da produção capitalista; sabemos igualmente bem que o capital exerce na empresa uma violência cotidiana sobre a classe operária: violência econômica, ideológica e política, e que sua dominação mantém-se somente ao preço dessa violência.

Ora, na decisão do tribunal, não há nenhum traço de tudo isso, nenhum vestígio das relações práticas sobre as quais se funda a dominação de classe; nenhum traço de violência de classe.

Do ponto de vista jurídico, a empresa é um espaço ideológico em que se encontram e se defrontam direitos: direito de propriedade, direito contratual, direito do trabalho. A violência tornou-se uma relação jurídica, a luta de classes tornou-se um conflito de direitos, e as próprias classes tornaram-se sujeitos de direito, cada uma, por si própria, detentora de "seu" direito. De um lado, o empregador é sujeito do direito de propriedade; de outro, os operários são sujeitos do direito do trabalho. Consequentemente, a relação capital/trabalho transformou-se numa relação jurídica entre direito de propriedade e direito do trabalho.

Mas, se a exploração capitalista é compreendida sob o signo do direito, se a luta de classes se resolve num conflito de direitos, então devemos deduzir duas coisas: de um lado, a classe operária pode e deve levar seu combate no direito; de outro, a classe operária possui um direito que lhe é próprio, e que lhe permite justamente travar seu combate.

Assim, logicamente, o direito do trabalho é posto como um direito qualitativamente diferente do direito burguês: o primeiro "serve" à classe operária, e o segundo "serve" à burguesia. Em suma, existe, no direito do trabalho, algo que se opõe ao direito de propriedade. E tudo isso pode funcionar segundo o modelo conhecido do abuso de direito. Ao abuso do direito do empregador, opõe-se o direito do trabalho.

O tribunal pode afirmar, então, "que é próprio do direito do trabalho colocar limites" aos abusos do empregador.

Tudo isso é muito coerente. Todavia, se o leitor não se esqueceu de minhas demonstrações anteriores, deverá sem dúvida lembrar-se de que o direito do trabalho

---

[7] Sobre esse texto, ver, de nossa autoria, *Le droit saisi par la photographie* (Paris, Maspéro, 1973), p. 104-5.

é um "direito burguês"; que ele opera para o direito de propriedade; que ele não é nem pode ser qualitativamente diferente do direito em geral; em suma, que ele não é nem pode ser de outra natureza.

Então, é grande a perplexidade. Como pode o tribunal opor ao direito de propriedade um direito do trabalho que é ele mesmo o direito de propriedade aplicado às relações de trabalho?

Encurralado por essa questão, o tribunal dará uma resposta bem estranha, em detrimento de suas próprias premissas. "Considerando", diz ele, "que, correlativamente às obrigações do empregador, existem direitos pertencentes aos trabalhadores". Quais são esses direitos? Vejamos. "Que tais disposições têm por função preservar os direitos fundamentais de todo homem despossuído em face daquele que detém os meios de produção, direito à vida, direito à liberdade, direito de pensar, de expressar-se, de informar-se [...]."

Dito de outro modo, poderíamos opor os "direitos do homem" à propriedade privada dos meios de produção? Poderíamos fazer dos "direitos do homem" uma máquina de guerra econômica, política, ideológica? Em suma, poderíamos começar a revolução no direito?

Vejamos isso de perto. Antes de tudo, o tribunal comete um deslize. Ele anunciou que o direito do trabalho deveria limitar os abusos do direito de propriedade e, no entanto, instado a pôr em prática esse direito do trabalho, ele muda bruscamente de curso e fala de outra coisa: direito à vida, à liberdade, direito de pensar etc. O que esses direitos têm que ver com o direito do trabalho? Tecnicamente, nada. Eles têm um "alcance universal", como se costuma dizer, que parece extrapolar – e de longe – o contexto do direito do trabalho. Com efeito, e o leitor certamente notou, o tribunal fala "dos direitos do homem e do cidadão".

Reconheçamos esse deslize e prossigamos. O que vêm fazer aqui os "direitos do homem"? Lembremos mais uma vez: juristas muito competentes demonstraram a antinomia entre os direitos do homem e as massas; com o apoio de provas, demonstraram que o "individualismo" dos direitos do homem não poderia dar conta da realidade das "classes"; e disseram até que, por natureza, a ação das massas é incompatível com a "liberdade" e a "igualdade". E se somamos a isso a crítica tradicional marxista, da *Questão judaica** até Lenin, o imbróglio é completo: os "direitos do homem" são os direitos do "homem egoísta"; eles sempre serviram de álibi à exploração capitalista.

Assim, o tribunal não só é incapaz de dar um conteúdo "revolucionário" ao direito do trabalho, como também recorre às noções mais gastas da ideologia jurídica. A literalidade do direito burguês revela-se eminentemente decepcionante.

---

* Karl Marx, *Sobre a questão judaica* (trad. Nélio Schneider e Wanda Nogueira Caldeira Brant, São Paulo, Boitempo, 2010). (N. E.)

E, no entanto, essa análise não esgota a questão. Ainda que duvidosa, a tentativa do tribunal apresenta algo de correto: os operários são "homens" no local da produção. Eles têm o direito, enquanto operários, na qualidade de operários, de "pensar", de "expressar-se", de "informar-se". Eles não são apenas "máquinas contratuais", mas sujeitos de direito.

Tanto é assim que, ademais, sua "qualidade de homem" autoriza os comunistas a virem lhes falar sobre sua condição proletária. E tanto é assim, ainda, que a burguesia lhes nega obstinadamente tal "qualidade" e opõe a ela todos os meios de direito de que dispõe.

É testemunha disso esta nota enviada pelo Comitê de Estudos e Intercâmbio Interprofissional de Aisne, relativa às visitas dos delegados comunistas eleitos às empresas. Dou ao leitor o inteiro teor, tal como relatado pelo tribunal, por se tratar de um documento impiedoso. Diz o patronato:

> Convém opor-se a essas visitas por todos os meios legais.
> Na medida em que a visita é anunciada (por exemplo, por panfletos, pela imprensa etc.), parece-nos possível agir preventivamente na justiça pela via da chamada *ordonnance sur requête*[8]. Esse procedimento, que tem a vantagem de não ser contraditório, isto é, no qual não é necessário litigar com uma pessoa determinada, desenrola-se da seguinte maneira: seu advogado deve apresentar ao presidente do Tribunal de Grande Instância um requerimento de ordem de proibição a toda pessoa que não seja assalariada da empresa, e, em particular, aos mandatários do Partido Comunista e aos dirigentes permanentes da CGT, de entrar na empresa contra a vontade da direção e que a autorize, se houver necessidade, a recorrer à força pública para fazer cumprir a ordem. Munido de tal *ordonnance sur requête*, é necessário requerer a um oficial de justiça que fique à disposição da empresa no dia anunciado da visita, a fim de que intime imediatamente de seu conteúdo os delegados do Partido Comunista ou os dirigentes da CGT quando estes se apresentarem diante dos portões da empresa;
> De todo modo, munido dessa *ordonnance sur requête* ou não, convém igualmente prevenir a administração departamental ou subdepartamental e pedir que tome todas as medidas para que, conforme a vontade expressa do primeiro-ministro, do ministro do Interior e do presidente do CNPF, os delegados comunistas não possam ingressar na empresa [...];
> Se, apesar de todas essas precauções, e em consequência de um verdadeiro ato de violência, os delegados do Partido Comunista desrespeitarem as intervenções e penetrarem na empresa, conviria fazer o oficial de justiça constatar imediatamente "a infração" e não hesitar em abrir uma queixa por violação de domicílio;

---

[8] Uma "ordonnance sur requête" constitui, segundo o Artigo 493 do novo Código de Processo Civil francês, "uma decisão provisória, não contraditória, nos casos em que o requerente tem fundado motivo para não chamar a parte contrária". (N. T.)

Na medida em que os mandatários são convidados por dirigentes sindicais ou representantes do pessoal da empresa, seria possível cogitar sanções disciplinares contra eles; Pedimos que sejam vigilantes e firmes nessa questão, já que a mínima falha pode ter consequências extremamente graves para o bom andamento das empresas [...].

O que escondem os "direitos do homem", em que sentido seriam uma máquina de guerra que se poderia opor a essa outra máquina de guerra da burguesia? Essa é uma questão crucial.

b) Direitos do homem e luta ideológica

Retomemos a proposição do tribunal: os direitos pertencentes aos trabalhadores "têm por função preservar os direitos fundamentais de todo homem despossuído em face daquele que detém os meios de produção". À primeira vista, essa é uma proposição extraordinária, que parece ser a própria negação do direito de propriedade.

Na verdade, os "direitos do homem" nunca foram concebidos para restabelecer uma igualdade entre as classes, jamais foram concebidos para a diferença. Muito pelo contrário: eles regulam uma igualdade e uma liberdade de direito; submetem a diferença "de fato" à igualdade "de direito".

Teríamos de convir, então, que esses direitos do homem são "direitos" muito estranhos, que dispõem sobre "homens" muito estranhos. Teríamos de convir que não se trata verdadeiramente de "direito", e que não se trata verdadeiramente de "homem".

Aparentemente, eles falam de coisa bem diversa.

O que aconteceria se, de fato, o "homem" dos "direitos do homem" fosse um trabalhador? Uma mutação, ao que parece, absolutamente surpreendente. O trabalhador que se tornou um "homem" poderia contestar a subordinação jurídica que decorre de seu contrato de trabalho; poderia contestar a propriedade privada dos meios de produção, pois começaria a "pensar", a "viver", a "expressar-se", a "informar-se", e isso no próprio local de trabalho. Assim, poderia expressar sua situação de proletário explorado. A Declaração dos Direitos do Homem transformou o trabalhador numa "máquina livre"; aplicada ao trabalhador, ela faria dele um "homem" e um "cidadão", exercendo, em sua condição de explorado, as prerrogativas de um cidadão.

Dito de outro modo, quando o homem dos direitos do homem é um explorado, já não estaríamos falando de modo algum do mesmo homem, ele não teria mais de cumprir sempre o mesmo papel, a mesma função; não se trataria mais de humanismo ou de igualdade jurídica, mas de reivindicação de uma desigualdade entre os homens. No fim das contas, se remeteria, em cada trabalhador, a uma desigualdade de classe.

Muito bem, mas um homem continua a ser um homem e um cidadão um cidadão. E, se raciocinarmos em termos de homem, e não de classes, não há dúvida de que esse homem continuará a ser um "homem" do direito, pela simples razão de que continuará a ser um homem das relações de produção capitalistas.

Exemplo: "Em vez de rumarmos para uma organização política na empresa, é provável que avancemos rumo à liberdade de informação política na empresa, rumo a uma lenta, mas pouco discutível penetração do direito das liberdades públicas na empresa"[9]. Como?

> As convenções coletivas ou o regulamento interno deveriam doravante conter disposições relativas às liberdades políticas e sindicais que não podem ser exercidas sob o arbítrio e a desordem. A segunda evidência é, pois, de uma necessária regulamentação do exercício da liberdade de informação, mediante discussões bilaterais. O que parece certo é que a desordem não pode ser tolerada. Nada é mais contrário ao meu pensamento que dar livre curso à propaganda selvagem, à reunião clandestina: é necessário discutir para regulamentar.[10]

Devemos tomar cuidado com o uso dos direitos do homem! Se num primeiro momento, e por um curto período, eles podem constituir uma base para a luta, se, em certo sentido, a extensão desses direitos aos trabalhadores pode significar um "progresso", esse "progresso" carrega seus próprios limites. Porque a reivindicação de igualdade que não deixa o campo do direito não pode ir além da igualdade jurídica, logo das relações de produção capitalistas. Esse é o "absurdo" de que fala Engels: "[...] o conteúdo real da exigência proletária de igualdade é a exigência da *abolição das classes*. Toda exigência de igualdade que vai além disso, necessariamente se esvai no absurdo".

A reivindicação jurídica da igualdade não pode ir além do estreito horizonte do direito burguês; ela pode e deve levar à falência do direito, a seu perecimento.

Veja o leitor o tribunal: ele está encurralado. Por um lado, o operário está em casa na fábrica, e deixa ali a maior parte de si próprio, desempenha o elevado papel de produtor no interesse de todos e, portanto, tem o direito de ser um "homem"; por outro, ele não deve impedir a boa execução do trabalho, porque está vinculado por contrato.

Por um lado, ele pode pensar "tudo" e, por outro, seu "pensamento" é limitado pelo direito. Então, imagine o intolerável, "imagine a noite", imagine o "absurdo" de uma liberdade e de uma igualdade que requerem seus títulos no direito!

O reformismo diz que o homem tem "todos" os direitos; o capital diz que o operário é livre, livre de tudo, é claro. E essa liberdade de tudo, ou de nada, é precisamente o direito que a organiza.

---

[9] Gérard Lyon-Caen, "Entreprise et politique", *La Semaine Juridique (JCP)*, 1977, I, 2.863, n. 18.
[10] Ibidem, n. 19.

É por isso que conceber o direito de outro modo que não seja como um meio de agitação nos coloca necessariamente no inferno jurídico.

Não concluí esse episódio, que teve um desdobramento do maior interesse. O Tribunal de Apelação reverteu a decisão, e os motivos são empolgantes[11].

A corte respondeu ponto por ponto à argumentação do Tribunal de Instância, e examinaremos a seguir suas três sequências.

Primeira sequência: o direito de propriedade
Diz a corte:

> Considerando que o primeiro juiz [...] decidiu que as pessoas jurídicas de certa dimensão econômica não poderiam se prevalecer de prerrogativas ligadas ao exercício do direito de propriedade, prerrogativas todavia formalmente previstas pelas disposições do Artigo 544 do Código Civil, o qual constitui a consagração do princípio posto tanto pela Constituição da República Francesa quanto pela Declaração de Direitos do Homem.

E aqui é oportunamente relembrado que os direitos do homem são fundados sobre a propriedade privada e, portanto, que as companhias multinacionais são fundadas sobre os direitos do homem. A primeira instância o havia curiosamente "ignorado" ao longo do caminho.

Segundo lembrete:

> Considerando que a corte entende ser grave e particularmente lamentável ter de lembrar que o papel dos juízes é aplicar a lei igualmente para todos, sendo seu dever mais elementar o de suspender suas opiniões e ideologias, com cujas consequências não têm os jurisdicionados de arcar [...]; que ele se erigiu em legislador com a finalidade de impor sua concepção pessoal de propriedade privada aos jurisdicionados, tendo violado a lei de separação dos poderes [...]; que os tribunais não podem e não devem no estado atual de nossa legislação senão constatar a preservação do direito de propriedade tanto em proveito das pessoas físicas quanto jurídicas, com todos os atributos decorrentes [...]; que é certamente lícito lamentar esse estado de fato, mas que incumbe ao Parlamento francês e somente a ele fazer as modificações que julgar necessárias.

E eis que a distinção profissional/político que funcionava na empresa é repetida no aparelho de Estado sob a técnica da separação de poderes; eis que o próprio juiz, em sua função jurisdicional, é convocado a remeter-se politicamente ao "poder legislativo"; e eis que, em última análise, o direito de propriedade "pertence" ao Estado, já que somente o Estado legifera e a lei é igual para todos.

---

[11] Tribunal de Apelação de Amiens, 17 mar. 1977, *Droit Social*, 1977, p. 239.

Segunda sequência: os direitos do homem

Ao colocar o direito de propriedade em seu devido lugar, a corte pode resolver a questão dos direitos humanos.

O direito à informação, assim como o da liberdade de expressão advêm do direito natural e não estão organizados em nosso direito positivo; têm somente o valor de recomendação e podem impor-se somente na exata medida em que sejam concretizados numa expressa disposição legal, criadora de um verdadeiro direito juridicamente protegido; que decidir diferentemente e pretender que um simples direito natural como aqueles citados, ou ainda mais simplesmente o direito à liberdade individual, seja suscetível de criar obstáculos ao exercício de um direito juridicamente protegido, tal como o direito de propriedade, não teria seguramente outro resultado senão o de obstar o exercício deste último e conduzir a uma paralisia social total.

Que resposta! Assim, segundo a sistemática da corte, haveria duas categorias de direito: os direitos juridicamente protegidos (o direito de propriedade), cujo respeito deve ser assegurado pelos tribunais, e os direitos naturais, não organizados, que só possuem um valor de recomendação. Além disso, nessa hierarquia jurídica, os direitos naturais (direito à informação, liberdade de expressão, liberdade individual), que, como se sabe, são os direitos da "natureza humana", deveriam permanecer no estado de "natureza", sob pena de provocar uma "paralisia social total". Isso quer dizer que a "natureza humana", expressa juridicamente pelos direitos do "homem", é perigosa à ordem estabelecida. Isso quer dizer ainda que haveria duas "categorias" de "natureza humana": a natureza humana da ordem estabelecida (direito de propriedade) e a natureza humana da contestação.

É incompreensível. Antes de tudo, uma "dupla" natureza humana, coisa que nunca se viu. Sabemos, obviamente, que no século XVIII os filósofos estabeleceram um estado de natureza e um estado de cultura; mas sabemos igualmente que isso era apenas uma metáfora política, que deveria resolver-se na técnica do contrato social. A Declaração dos Direitos do Homem e do Cidadão assegurou justamente o triunfo de uma natureza humana jurídica e política. Há de se reconhecer, pois, que o novo recorte operado pela corte é muito problemático.

Mas há mais. Aprendemos, nos bancos da escola, a insuperável grandeza da natureza humana, expressa na liberdade individual; aprendemos nos bancos da Faculdade de Direito o sentido profundo do individualismo jurídico. Exemplo:

> O termo "individualismo jurídico" pode, antes de mais nada, designar um sistema em que se admite que o indivíduo é o único fim de todas as regras de direito, a causa final de toda atividade jurídica das instituições, notadamente do Estado. Em segundo lugar, poderíamos caracterizar assim um sistema no qual o indivíduo seria a fonte das regras de direito ou das situações jurídicas, ou de uma parte delas. Enfim, poderíamos

conceber que o individualismo jurídico designa um sistema em que a legislação sofre influência do individualismo político e consagra as instituições direta e exclusivamente proveitosas para o indivíduo, e é talvez nesse sentido que é tomado no mais das vezes na linguagem cotidiana.[12]

Nos bancos da Faculdade de Letras, demonstraram diante de nós que o fundo comum da filosofia ocidental é também essa mesma liberdade individual. Exemplo:

> William Penn e seus companheiros de trabalho reivindicavam a autonomia da crença pessoal; Montesquieu, a fruição livre e segura, para o indivíduo, de seus bens e de sua pessoa; Rousseau e Condorcet querem que o cidadão participe pessoalmente, por um ato de sua vontade, da criação do Estado; Kant e Fichte lhe revelam, e ao próprio homem, a essência do seu direito. Smith libera a atividade de cada trabalhador das restrições que por tanto tempo pesaram sobre ela. Mas, perseguindo objetos tão diferentes, por vias tão diversas, e por razões frequentemente tão estranhas entre si, eles se veem aplicando um princípio idêntico e obtendo um mesmo resultado. O resultado é a emancipação tão plena quanto possível da pessoa humana, sua libertação em relação às servidões interiores e exteriores, civis ou morais. [...] Cada indivíduo é revelado a todos os outros na majestade de seu direito: direito de crença, direito de ir e vir e de possuir, direito de participar das coisas da cidade, direito de produzir e de trocar, direito de desenvolver-se em todos os sentidos, de alcançar o máximo de energia física, de valor econômico, de cultura intelectual e moral. Acima de tudo, talvez, cultura [...].[13]

Eis uma corte, encarregada de fazer respeitar os direitos do homem, que admite cinicamente que tudo não passa de conversa fiada, palavras, crenças vãs, em suma, de ideologia! Devemos concluir, então, contra toda a tradição, que o direito à liberdade individual é antinômico ao direito de propriedade? Que, portanto, o direito de propriedade faz reinar a "escravidão"?

As coisas não são tão simples. Pois, se a corte descreve o mundo pelo avesso, devemos saber de que mundo ela está falando, e de qual avesso. O "mundo" é a empresa capitalista; o "avesso" é a produção capitalista. E é bem verdade que, do ponto de vista dos direitos do homem, a empresa capitalista é um mundo pelo avesso; é o lugar "antidemocrático" por excelência; produz um sistema de poder que viola abertamente o sistema representativo burguês. Tal como o "vapor" do dr. Ure, o capital "reúne em torno de si sua miríade de súditos e atribui a cada um seu devido lugar"[14]. E compreendemos que a corte recue com um horror absolutamente raciniano ao incesto e à transgressão, diante dessa "liberdade individual"

---

[12] Marcel Waline, *L'Individualisme et le droit* (Paris, Domat-Montchrestien, 1949), p. 27.
[13] Henry Michel, *L'idée de l'État* (Paris, Hachette, 1896), p. 59-60.
[14] Karl Marx, *Le Capital*, L. I, t. II, p. 102. [Ver, na Primeira Parte deste volume, nota 8 (N. E.)]

aplicada à empresa, diante do questionamento da disciplina, do regulamento da empresa, das multas, do controle, do poder discricionário do chefe de empresa; enfim, diante da contestação da organização capitalista do trabalho que reproduz, em sua própria organização, a exploração do homem pelo homem.

Diz um professor de direito pouco suspeito de parcialidade:

> Não chegaremos a afirmar que o juiz cível reconhece ao chefe de empresa o direito de substituir o juiz criminal; mas, ainda assim, existem penalidades cuja função no interior da coletividade profissional tem relação com certas funções da sanção penal na sociedade estatal. Tal prerrogativa, reconhecida a um particular, é exorbitante. Constitui um privilégio mais notável que o da administração, que é emanação do Estado – e, se o chefe de empresa deve fazer reinar a ordem em sua casa, e não em nome do poder público [...].

Daí a interrogação à qual não falta nem vigor nem franqueza: "De onde vem que esse poder, que em matéria disciplinar e na medida limitada, mas real, que intentamos precisar, é um poder de fazer justiça, pode ser, em nosso direito, um poder soberano em certos aspectos?"[15].

Poder soberano, poder metajurídico, encontraremos isso um pouco mais adiante, mas erigido em "princípio geral de direito" pelo Conselho de Estado.

Que não se duvide: em algum ponto – e tentei dizer qual – o tribunal acertou em cheio; ele pressentiu uma tática eficaz; a corte fechou o hiato, interrompeu o curso d'água. Por isso, ela pode, sem desferir um único golpe, elogiar... o direito do trabalho, esse "monumento legislativo que constitui nosso Código do Trabalho, o qual tomou o cuidado, com a louvável preocupação de equilibrar a presente relação de forças, de pôr limites estritos e imperativos aos poderes dos chefes de empresa". E, com a alma em paz, protegida à direita e à esquerda, ela pode enfim revelar o fundo de seu pensamento:

> O legislador tinha tanta consciência do grave problema posto pelo direito dos assalariados à informação e à expressão, tanto no que concerne ao funcionamento da empresa, da qual eles constituem um elemento essencial, quanto para a vida cultural em geral, que tomou o cuidado de regulamentar no Artigo L. 412-7 do Código do Trabalho as modalidades de apresentação das comunicações sindicais, e nos Artigos L. 431-I e seguintes as atribuições dos comitês de empresa e as informações que devem obrigatoriamente ser levadas a seu conhecimento pelos encarregados do estabelecimento; que tal precaução não se explicaria se, do contrário, o legislador quisesse abrir largamente as portas da empresa a todos, partidos políticos, seitas religiosas ou agências de publicidade comercial, que não deixariam de criar um ambiente de trabalho pelo menos pouco propício à execução do trabalho.

---

[15] D. Ollier, "Rapport", *Travaux de l'Association Henri Capitant*, 1969, p. 293-4.

Partidos políticos, seitas religiosas, agências de publicidade comercial: que visão elevada!

A informação, a expressão e mesmo a liberdade individual somente se tornam direitos juridicamente protegidos – no direito do trabalho – se forem submetidas ao controle do chefe de empresa. Sem chances de "espontaneidade" operária, portanto sem chances de "fugas".

A empresa volta a fechar suas portas com base em seu próprio princípio: a boa execução do trabalho.

Terceira sequência: a neutralidade

O tribunal provou que os dirigentes da Ferodo faltaram ao seu dever de neutralidade, o que justificava, "democraticamente", que os membros do Partido Comunista restabelecessem a igualdade ao se dirigirem aos operários. A corte retifica nestes termos:

> Os juízes não saberiam, sem renegar sua própria vocação, dizer que o cometimento de um abuso justifica outro abuso em sentido contrário, o que equivale a legalizar o reino da justiça privada; que, se houve verdadeiramente abuso nesse domínio por parte da direção da empresa, cabia às organizações sindicais representativas dos trabalhadores[16] fazê-lo cessar por todos os meios de direito a sua disposição, e não cabia a elementos estranhos à empresa substituí-las.

Não se poderia imaginar um tal sofisma. Se levarmos a sério os motivos da corte, o impasse jurídico é total. Com efeito, quando os dirigentes de uma empresa fazem "política", eles defendem, de fato, seu direito de propriedade, quer dizer, um direito juridicamente protegido. Eles defendem seu "bom direito". Em que poderia haver abuso nisso? Ninguém pode me reprovar por defender meus direitos, desde

---

[16] As "organizações sindicais representativas" ("organisations syndicales représentatives") têm o monopólio para participar das negociações coletivas nos três níveis de representação sindical (empresa, ramo e nacional) e nos quatro ramos profissionais (indústria, construção, comércio e serviços). Antes da Lei de 20 de agosto de 2008, um decreto de 1966 estabeleceu uma lista de cinco confederações sindicais: Confédération Française Démocratique du Travail (CFDT), Confédération Française de l'Encadrement/Confédération Générale des Cadres (CFE/CGC), Confédération Française des Travailleurs Chrétiens (CFTC), Confédération Générale du Travail (CGT) e Force ouvrière (FO), que eram presumidamente representativas no âmbito nacional. Após a Lei de 2008, a representatividade deve ser provada por meio de sete critérios legais: respeito aos valores republicanos; independência; transparência financeira; existência mínima de dois anos no campo profissional e geográfico que cubra o nível de negociação (esta é apreciada a partir da data do depósito legal dos estatutos da organização); audiência estabelecida em função dos níveis de negociação (empresa, ramo, grupo...); influência, prioritariamente caracterizada pela atividade e pela experiência; número de aderentes e cotizações. (N. T.)

que meus meios sejam legítimos; e ninguém poderia taxar de ilegítima a defesa de uma política que protege meu direito legítimo. Dito de outro modo, se a política que sustento defende meu bom direito, essa política constitui um meio legítimo de defesa. Não se vê onde pode estar o abuso.

Melhor ainda: em nome de que direito os trabalhadores poderiam opor-se a esse eventual abuso? Não há nada previsto no Código do Trabalho. Eles poderiam fundamentar a ação em sua liberdade individual ou em seu direito de expressão ou informação? Mas a corte disse que estes são apenas "direitos naturais", não organizados, que não poderiam pôr obstáculo ao exercício de um direito juridicamente protegido, sob pena de conduzir a uma paralisia social total!

Então? Então nada. Tudo isso é demagogia judiciária; tudo isso é ideologia, vale dizer "ficção".

Segunda linha de defesa: as instituições representativas do pessoal[17]

Como vimos, os partidos políticos fracassaram em sua primeira tentativa. Era preciso encontrar outra coisa, e utilizou-se da bem conhecida estratégia dos grandes capitães: quando o ataque frontal é impossível, é preciso atacar de dentro, penetrar na praça de guerra por ardil.

Para um jurista mais avisado, a solução estava pronta. De fato, ninguém ignora que as empresas de certa dimensão comportam legalmente comitês de empresa; ninguém ignora também que esses comitês de empresa são relativamente autônomos, que dispõem de locais, que administram "livremente" seus fundos e, melhor ainda, que têm uma missão "educativa".

Nada mais simples, então, do que se fazer convidar para um comitê de empresa e, no contexto dessa missão educativa, presidir reuniões políticas. Nada mais "ardiloso" também, pois o leitor vê sem dificuldade que não se poderia opor a tais convites nem o direito de propriedade – esses comitês estão legalmente "instalados" na empresa, em "seus" locais e, às vezes, até desfrutam um contrato de locação – nem a autoridade do chefe de empresa, porque esses comitês são órgãos "livremente" eleitos, representativos do conjunto do pessoal e submetidos à lei da democracia.

Além do mais, "ardiloso"? Realmente! Seria conhecer muito mal nosso direito. O patronato vai liderar uma contraofensiva vigorosa: obrigado a abandonar suas

---

[17] As "instituições representativas do pessoal" ("institutions représentatives du personnel") são o comitê de higiene, segurança e condições de trabalho (CHSCT), o comitê de empresa (CE), os delegados do pessoal (DP) e os delegados sindicais (DS). (N. T.)

defesas tradicionais, ele procurará outra praça de guerra: o estatuto jurídico das instituições representativas do pessoal. E será uma história empolgante ver esse aparelho de empresa – apresentado às vezes como um "embrião de poder operário" – revelar sua verdadeira natureza; será empolgante ver esse aparelho, que se presume "pertencer" à classe operária, reproduzir a ideologia da empresa, querendo ou não.

E ao longo do caminho será preciso abandonar a ideia tenaz de um comitê de empresa "autônomo", sobre a qual os partidos de esquerda fundaram suas maiores esperanças: logro trágico ou ninharia, como saber? Exemplo: o Programa Comum[18], que prevê a extensão das atividades dos comitês de empresa, no que "concerne notadamente à formação, às atividades sociais, à organização do trabalho, à higiene e à segurança, à medicina do trabalho, à instalação de equipamentos novos"[19]. Exemplo: o Artigo 31 do Projeto de Declaração de Liberdades do PCF:

> O comitê de empresa deve receber todas as informações sobre o funcionamento da empresa, sua produção, suas finanças, seus custos de produção, sua política social, suas relações com as filiais ou com outras empresas francesas ou estrangeiras, seu lugar na economia nacional ou internacional, seus projetos a curto e longo prazo. Ele tem acesso livre e permanente a todos os documentos de que dispõe a direção [...].

Recordo a lei. O Artigo R. 432-2 do Código do Trabalho enumera, entre as *obras sociais* – e note-se bem a expressão, pois ela é importante – confiadas aos comitês de empresa ou de estabelecimento, as "aulas de cultura geral". A partir daí, a luta será conduzida em duas frentes.

Primeira frente: a cultura geral. Em que a política pode ser objeto de uma aula de cultura geral? Questão absolutamente pérfida, porque sabemos bem que a cultura geral é tudo o que se queira, exceto a "política", ainda que a política possa fazer parte dela. Então, o que é a política *na* cultura geral? O leitor imagina as delícias que estão por vir.

Segunda frente: as "obras sociais". Supondo que a política – com a condição de que seja cultura geral – possa ser objeto de uma "aula", ainda resta resolver outras dificuldades. Com efeito, os comitês de empresa podem organizar aulas de cultura geral *no contexto* das "obras sociais". O que é uma obra social, ou melhor, o que é o "social"? E em que o social é político? E mais ainda – como nos contos infantis em que as perguntas só existem para suscitar outras perguntas –, se as obras sociais são

---

[18] O Programa Comum ("Programme commun") foi um programa de reformas nos campos econômico, político e militar assinado pelo Partido Comunista Francês e pelo Partido Socialista Francês em junho de 1972. (N. T.)

[19] *Programme commun de gouvernement du Parti Communiste Français et du Parti Socialiste (27 juin 1972)* (Paris, Éditions Sociales, 1972), p. 108.

realizadas no interesse de todos, como respeitar a "liberdade" de todos senão pela neutralidade política?

Assim, esse "ardil" se revelará de uso extremamente perigoso.

1) A cultura geral

É preciso apreender bem a coisa. A burguesia tem uma visão elevada de sua missão educadora, tem uma visão elevada da classe operária.

> A vocação do comitê de empresa não se restringe a preocupações profissionais entendidas de maneira mais ou menos ampla. O mundo exterior à empresa não lhe está fechado, já que ele pode intervir para favorecer o bem-estar e o desenvolvimento dos assalariados fora dos locais e do tempo de trabalho, do mesmo modo que pode desempenhar um papel educativo voltado para os problemas extraprofissionais.[20]

A estupefação é grande. Com efeito, até então, dizia-se que o trabalhador, nos locais de trabalho, não tinha o direito de ser um "homem"; uma corte até havia lembrado, oportunamente, que o direito de propriedade e a autoridade do chefe de empresa opunham-se formalmente a ele. Ora, eis que esses princípios se curvam e agora se reconhece, com toda a tranquilidade, que a empresa, por intermédio dos comitês de empresa, deve contribuir para "favorecer o bem-estar e o desenvolvimento dos assalariados fora dos locais e do tempo de trabalho". Em suma, que ela tem uma verdadeira missão educativa.

É preciso interrogar-se então, e com a maior seriedade do mundo, sobre o conteúdo dessa "missão"; é preciso perguntar-se bastante de que se tratará nessa "cultura geral", que não pode entrar em contradição com a ideologia da empresa. Do contrário, ressurgirá aquilo que fora evitado de todas as maneiras: um "pensamento subversivo".

Assim, doutrina e jurisprudência vão ver-se confrontadas com um problema bastante delicado: como "educar" um trabalhador de modo tal que ele permaneça um trabalhador? Ou ainda: que cultura se deve dar ao trabalhador que convenha ao papel que lhe é designado? Nesse caso, há os "bons" e os "maus".

Os "maus":

> Sem nos arriscar a dar uma definição de cultura geral, devemos admitir que ela engloba agora um conhecimento dos problemas econômicos e sociais, assim como das doutrinas políticas e dos dados da vida política. A política é um fato cujo conhecimento entra na cultura geral. É verdade que, originalmente, os redatores do texto de 1945[21] não haviam

---

[20] Philippe Ardant, "L'organisation de réunions politiques par les comités d'entreprise", *Droit Social*, 1976, p. 377 e ss.
[21] Decreto de 1945, que institui notadamente o Artigo R432-3 do Código do Trabalho. (N. T.)

considerado que sua alusão à cultura geral poderia ser compreendida de maneira tão larga. A aproximação entre a cultura geral e a economia doméstica situa o nível de suas preocupações. Para eles, a cultura não tem conteúdo político, não mais que a culinária e a costura. Ela é, antes de tudo, conhecimento do passado, por intermédio da história, da literatura e da arte essencialmente; ela é um enriquecimento desinteressado e algo egoísta do indivíduo. O comitê de empresa é convidado a facilitar aquilo que não é mais do que uma atividade de lazer, como é convidado ainda a melhorar a formação profissional. E se, a rigor, pode-se admitir que o comitê amplie sua intervenção na vida social e econômica, considerada o prolongamento natural da profissão, aquela é considerada específica e sem relação com a política.[22]

A que então deveria levar a cultura geral? Tornar o indivíduo "egoísta", permitir, pela virtude da história, da literatura ou da arte, que ele retorne para si mesmo, redescubra-se como "homem"? Quem não vê a vantagem desse individualismo? Porque, se o operário é um homem "egoísta", ele é um homem solitário, alienado de toda consciência de classe, de toda solidariedade operária, de toda história de classe. E a própria cultura – a história, a literatura ou a arte – aparece como uma "atividade" eterna, regida por suas próprias regras, fora de toda história. Por isso, ao operário-máquina da empresa corresponde o operário-homem da cultura geral. Mais do que isso: a cultura geral vai realizar na "alma" do operário esse *tour de force* prodigioso: um "enriquecimento desinteressado".

O que "vê" concretamente um assalariado? Sua exploração e o "enriquecimento" do empregador. Pois bem, a cultura geral inverte essa relação e impõe a visão de um mundo do outro, em que o enriquecimento não provém de uma exploração de classe, mas de "si mesmo"; um mundo em que cada um pode se tornar "rico" de espírito.

A relação real com as condições de exploração transforma-se em relação imaginária; a atividade prática torna-se meditação, o presente, reflexão "desinteressada" sobre o passado, sobre a classe, uma soma de indivíduos egoístas, a política, enfim, um "conhecimento".

A cultura geral concilia o inconciliável no imaginário, e esse é, de fato, o papel que a burguesia lhe designa.

Acredito que podemos ver melhor agora em que ela assume o lugar da ideologia de empresa. A ficção jurídica do contrato de trabalho – o acordo de vontades livres – é reconduzida à ficção cultural; a relação imaginária com as relações de produção, codificada no direito, é sublimada na cultura. Mas, enquanto as condições concretas de trabalho tornam essa ficção jurídica intolerável, a ficção cultural as transforma em prazer. O que poderia ser mais prazeroso que um conflito resolvido? Prazer burguês, é claro, mas ainda assim prazer de uma "máquina desejante".

---

[22] Philippe Ardant, "L'organisation de réunions politiques par les comités d'entreprise", cit.

Passemos agora para o lado dos "bons". A manobra é mais sutil, mas ainda mais perniciosa.

A cultura, como sabemos bem depois que os antropólogos aprofundaram essa noção, é tudo aquilo pelo qual os homens são humanos: onde se desenvolve uma reflexão, uma ação do homem sobre a natureza, ou sobre seu próprio destino individual e coletivo, há contribuição à cultura. A cultura, para o senso comum, será a familiaridade que somos capazes de adquirir com todos os domínios nos quais os homens se produziram e se produzem hoje como homens. Se quisermos raciocinar em termos rigorosos, a reflexão e a ação políticas devem ser classificadas entre as atividades humanas constitutivas, as crenças religiosas, as obras artísticas, as realizações técnicas, sem esquecermos as técnicas que participam da arte de viver o cotidiano (a culinária, por exemplo!).[23]

Eis algo muito mais "inteligente", muito mais próximo, aparentemente, de uma concepção "esclarecida". E, no entanto, se considerarmos a coisa um pouco mais de perto, veremos que não abandonamos a "ficção", não avançamos nem sequer uma polegada.

Com efeito, quando se diz que toda prática do homem é uma prática humana, enuncia-se bem mais que uma simples tautologia: faz-se política. Por quê? Porque, por isso mesmo, toda prática é sempre já justificada; porque, nesses marcos, o capitalismo é tão "humano" quanto o socialismo ou o comunismo.

Quando se diz, logo depois, que todo conhecimento se resolve na "familiaridade que somos capazes de adquirir com todos os domínios nos quais os homens se produziram e se produzem hoje como homens", supõe-se que o homem conhece apenas aquilo que ele produz, e que aquilo que ele produz é humano; e isso, mais uma vez, é muito mais que uma simples tautologia. Porque, consequentemente, toda produção social é o fruto de um "trabalho" humano, ao qual se atribui, como diz Marx, uma "força sobrenatural de criação". "Pois precisamente do condicionamento natural do trabalho segue-se que o homem que não possui outra propriedade senão sua força de trabalho torna-se necessariamente, em todas as condições sociais e culturais, um escravo daqueles que se apropriam das condições objetivas do trabalho."[24]

Em suma, tal "definição" considera adquiridas todas as posições do humanismo: a sociedade é composta de homens (e não de classes), a produção é fruto do trabalho humano (e não o resultado de um modo de produção dado), a atividade dos homens é o motor da história (e não a luta de classes)... E isso, irresistivelmente, produz efeitos políticos muito precisos.

---

[23] Pierrete Rongère, "Les comités d'entreprise et la politique", cit., p. 432.
[24] Karl Marx, *Crítica do Programa de Gotha* (trad. Rubens Enderle, São Paulo, Boitempo, 2012), p. 24.

Quando se diz aos proletários: "São os homens que fazem a história", não é preciso ser um grande especialista para compreender que num prazo mais ou menos longo isso contribuirá para desorientá-los e desarmá-los. São convencidos de que são todo-poderosos como "homens", enquanto são desarmados como proletários em face da verdadeira onipotência, a da burguesia que detém as condições materiais (os meios de produção) e políticas (o Estado) que comandam a história. Quando a canção humanista lhes é cantada, eles são desviados da luta de classes, são impedidos de se dar e exercer o único poder de que dispõem: o da organização em classe, e da organização de classe, os sindicatos e o partido, para conduzir a luta de classes deles para eles.[25]

Vamos mais longe. Onde se encontra esse homem todo-poderoso? Quem organiza a verdadeira onipotência da burguesia? Que sistema impele a lógica até que a classe operária seja considerada um "fato"? Quem subverte suas organizações para fazer delas uma engrenagem de seu próprio poder?

Cansamos de encontrá-la em nosso caminho: apenas a ordem jurídica coloca, *concretamente*, o homem no lugar das classes, o "trabalho" no lugar da força de trabalho, o salário no lugar do mais-valor; apenas a ordem jurídica considera a exploração do homem pelo homem o produto de um livre contrato, o exercício da liberdade; e somente ela considera o Estado de classe a expressão da "vontade geral".

O humanismo, que triunfa na "cultura geral", não é nada mais que a ideologia jurídica descolada de sua prática: os tribunais se reconhecerão nela, com o risco de, quando necessário, reatar com a prática.

a) *O humanismo pretoriano*

Diz o Tribunal de Grande Instância de Paris:

> Considerando que se vincula incontestavelmente à "cultura geral" toda atividade cujo objeto seja a informação e a reflexão sobre as ideias e os problemas políticos, e que nenhuma consideração permite excluí-los dos estudos previstos pelo Artigo R. 432-2 do Código do Trabalho, cujos termos não devem, além disso, ser interpretados restritivamente, em especial quanto à forma que podem revestir tais atividades.[26]

E outro tribunal vai ainda mais longe. O comitê de empresa não poderia excluir de sua "missão de cultura geral do pessoal todo estudo e toda reflexão sobre ideias e problemas políticos, no quadro de reuniões de simples informação, podendo ser

---

[25] Louis Althusser, *Réponse à John Lewis* (Paris, Maspéro, 1973), p. 48-9.
[26] Tribunal de Grande Instância de Paris, 3 mar. 1976, *Droit Social*, 1976, p. 387. [O "Tribunal de Grande Instância"("Tribunal de Grande Instance") é um tribunal de primeira instância, principalmente competente para os litígios civis entre pessoas privadas, que não sejam da competência de outro tribunal de exceção, e os litígios envolvendo causa de mais de 10 mil euros. (N. T.)]

assimiladas assim aos 'círculos de estudos' visados pelo Artigo R. 432-2 do Código do Trabalho"[27].

Porém, assim que a análise se precisa, já se vê aguçar o ouvido da prática.

Apesar da oposição da empresa Rhône-Poulenc[28], um panfleto distribuído em frente à fábrica de Saint-Fons, em 4 de setembro de 1975, anuncia para o dia seguinte, das 11h30 às 13 horas, na cafeteria do refeitório, um debate organizado por Kanapa, membro do escritório político do PCF, o deputado da circunscrição, de outros mandatários comunistas que trabalhavam na Rhône-Poulenc e diversos membros do partido.

Em 5 de setembro, um panfleto relata o conteúdo dos debates:

> Primeira vitória, Jean Kanapa entrou na Rhône-Poulenc [...] Ele veio à empresa para discutir com os trabalhadores a política do PCF, propostas imediatas diante da crise [...] De duzentos e cinquenta a trezentos trabalhadores assistiram ao debate, durante o qual cinco aderiram ao PCF; essa é a melhor resposta que poderia ser dada ao anticomunismo de Giscard, Ponia, Ceyrac, Gillet.

Em 6 de setembro, o jornal *L'Humanité* reproduz uma declaração de Kanapa: "Nós agimos para assegurar a expressão política na empresa, é por isso que estamos aqui".

Vejamos o outro lado do cenário.

A Rhône-Poulenc processa o comitê de estabelecimento e a seção Saint-Fons do PCF por danos materiais: houve reunião de propaganda de um partido político, o que constitui uma atividade exorbitante das atribuições e poderes do comitê de empresa. O comitê de estabelecimento responde "que não cometeu nenhuma falta ao acolher uma reunião cujo objetivo era, de acordo com sua competência, expandir a cultura dos assalariados da empresa, aumentar seus conhecimentos e informá-los [...]".

O Tribunal de Grande Instância de Lyon decide em 21 de maio de 1976:

> Considerando que o Artigo R. 4432-2 do Código do Trabalho enumera as atividades sob a responsabilidade do comitê de empresa e que têm exclusivamente caráter social; que, se a enumeração não é limitativa, não se encontra nessa disposição nenhum critério geral que permita incluir nas atividades do comitê iniciativas como a organização de reuniões políticas, que não é possível assimilar a obras com objetivo profissional, nem

---

[27] Tribunal de Grande Instância de Nanterre, "Ordonnance de référé 3 fev. 1977", *La Semaine Juridique (JCP)*, 1977, I, 2.863, anexo II. [A "ordonnance de référé" é, segundo o Artigo 484 do Código de Processo Civil francês, "uma decisão provisória, dada a pedido de uma parte, estando a outra presente ou chamada, nos casos em que a lei outorga a um juiz, que não julgou o caso, o poder de ordenar imediatamente as medidas necessárias". (N. T.)]

[28] A Rhône-Poulenc é uma sociedade francesa de produtos químicos e farmacêuticos. (N. T.)

mesmo a aulas de cultura geral, que implicam necessariamente o escalonamento regular de um ensino ministrado por especialistas.[29]

Que imperícia! A política não faria parte, então, da cultura geral! Ela constituiria um "domínio à parte", uma atividade que escaparia à atividade do "conhecimento"! Impossível, porque nesse caso seria preciso reconhecer o fracasso do pensamento (burguês) sobre a política e, mais ainda, o fracasso da integração da política na empresa. A burguesia não pode recuar, sob pena de dar a entender que outra prática da política na empresa é possível. Ora, é característico da ideologia dominante estar "em toda parte", saturar tudo.

Além do mais, a solução do tribunal carece de elegância. Não é possível desvencilhar-se sensatamente da cultura geral e da política em nome de uma definição "escolar" de aula que implica, de um lado, o "escalonamento regular de um ensino" e, de outro, a intervenção de "especialistas". Os trabalhadores não são alunos que aguardam a palavra do mestre. São adultos responsáveis na "escola da vida".

Há coisa melhor para descobrir, e a Corte de Lyon eleva o debate.

Sobre a noção de ensino

Considerando que os primeiros juízes se apegaram erroneamente ao termo "aula" [...]; a atividade educativa pode ser realizada por conferências, colóquios ou mesmo espetáculos e exposições que não entrem num ciclo organizado; que, com esse fim, os comitês podem fazer apelo ao concurso de qualquer pessoa, mesmo estranha à empresa, escolhida por eles em razão de seus conhecimentos, de sua experiência ou de seu valor humano.[30]

Muito melhor. Em primeiro lugar, a empresa não é um anexo da escola, e a cultura não pode ser aprisionada numa "forma". Em segundo lugar, a cultura não pode ser reduzida a um "saber" ministrado por "especialistas". O mestre pode ser substituído pela "vida".

É preciso procurar alhures, portanto.

Sobre a cultura geral

A cultura geral estende-se ao conjunto da condição humana e, por conseguinte, ao conhecimento e à compreensão dos dados da vida política, assim como dos problemas econômicos e sociais; que não sendo somente a transmissão de um saber, mas também a abertura do espírito, ela pode incluir a crítica dos modelos culturais, econômicos e políticos existentes, e por isso não ofende a ordem pública no sentido jurídico do termo.[31]

---

[29] Tribunal de Grande Instância de Lyon, 21 maio 1976, *Droit Social*, 1976, p. 489.
[30] Lyon, 17 mar. 1977, *La Semaine Juridique (JCP)*, 1977, I, 2.863, anexo I.
[31] Ibidem.

Eis uma definição extremamente interessante, que merece um exame aprofundado.

À primeira vista, todo mundo deveria estar satisfeito: os "sábios", porque a cultura geral implica a transmissão de conhecimentos "objetivos"; os "homens progressistas", porque implica também a crítica desse saber. Assim, estamos na mais estrita ortodoxia, pois sabemos desde sempre que o "verdadeiro" conhecimento é crítico.

Tudo isso seria banalidade filosófica se não se tratasse de uma definição jurídica, que comporta efeitos jurídicos, isto é, uma definição prática, que deve conduzir a uma solução de direito. A corte diz, de fato, que a transmissão do saber é "livre", ao passo que a crítica é limitada pela ordem pública. Ora, por menos que levemos a sério essa diferença, somos levados a constatações surpreendentes, que põem em dúvida a ortodoxia do "conhecimento".

O saber seria analisado como a "transmissão" de um "conhecimento" e de uma "compreensão" dos problemas econômicos, políticos e sociais. Admitamos. Mas o que é interessante é a liberdade reconhecida ao saber e os limites colocados à crítica.

Que o saber seja ilimitado, não há nada mais normal em aparência. A ciência ignora as fronteiras, e não estamos mais nos tempos de Galileu.

Por outro lado, o que é mais insólito é a "liberdade vigiada" da crítica, que tem a tarefa de abrir o espírito e questionar o saber, isto é, os modelos culturais, econômicos e políticos existentes.

A partir daí, é preciso admitir que esses "modelos" têm a força da objetividade – pois sua transmissão é totalmente livre –, ao passo que sua crítica é contingente – pois é limitada pela ordem pública.

Assim, a rigor, existe um conhecimento inteiramente "legítimo" – o saber – e uma crítica relativamente legítima, que num dado momento – que poderíamos chamar de momento crítico – pode tornar-se "ilegal".

Abandonemos a retórica e vejamos as coisas concretamente. Os modelos transmitidos pelo saber nos são bem familiares: o modelo cultural é aquele que a escola propõe; o modelo econômico, o do "liberalismo"; o modelo político, o da democracia parlamentar. E esses modelos não somente gozam do estatuto de objetividade absoluta como também coincidem perfeitamente com a ordem pública. Melhor ainda, a ordem pública, no limite, não é nada mais do que a expressão abstrata e geral desses modelos. Exemplo:

> Existe uma noção de ordem social que tem por objetivo a estabilidade do estado social, a defesa dos fundamentos da sociedade, e que pode identificar-se com o interesse geral da coletividade. Então tomamos consciência de que a noção de ordem pública corresponde às exigências fundamentais da natureza do homem e da sociedade. Para além da contingência das aplicações e das circunstâncias, a noção de ordem pública

impõe-se de modo semelhante em todas as sociedades, pois visa assegurar o respeito ao substrato social, isto é, fazer respeitar todos os valores inscritos no coração de toda coletividade humana.[32]

A partir daí, concebe-se facilmente que a crítica seja limitada pela noção de ordem pública. Pode-se "dizer tudo" sobre Keynes, Galbraith ou a jurisprudência do Conselho de Estado; não se pode "dizer tudo" sobre Marx, Lenin ou Mao. Aqueles falam do homem, estes falam de classes.

Mas então para que serve a diferença saber/crítica, se ela tem apenas uma pertinência interna ao próprio saber? Para "nada", a não ser para nos fazer acreditar que o pensamento burguês tem os meios para fazer a crítica de seu saber, encarregado este de reproduzir a ideologia dominante; enfim, para traçar uma linha de demarcação política tendo por base a condição humana e o conhecimento. De um lado, o humano, a lei, o Estado; do outro, o inumano, o amorfo e a anarquia.

A tal ponto, aliás, que se o "homem" exagera a crítica, se comete o crime insensato de criticar seu próprio ser – a propriedade privada, a igualdade, a liberdade –, ele trai sua condição, perde sua qualidade de homem: não há liberdade para os inimigos da liberdade, não há condição humana para os inimigos da condição humana.

E se forçamos as coisas ao extremo, se refletimos por um instante sobre a estrutura da "condição humana", do "saber" e, no fim das contas, da "ação" – todas elas categorias organicamente ligadas na vulgata filosófica, econômica ou jurídica –, descobrimos esta coisa insólita: essas categorias são construídas sobre o modelo de um direito. Pode-se "abusar" da condição humana, do saber ou da ação, assim como da propriedade privada ou do direito de greve.

O "homem" cessa onde o abuso começa. Resta saber qual homem e qual abuso! Sabemos ao menos desde Kant: a legislação universal está cercada de trevas; a razão suscita seu tribunal, sua luz e sua sombra, e a moral segue em segredo. A razão? É o homem que não abusa; o vazio é, por exemplo, a greve política ou a classe operária. Aquilo que subverte a ordem é remetido, pelo direito, à noite do fato, ao "nada" que é o outro destroçado do direito.

Assim se exprimia Alain, filósofo pequeno-burguês do "pode ser que sim, pode ser que não".

> Resistência e obediência, eis as duas virtudes do cidadão. Pela obediência, ele assegura a ordem; pela resistência, ele assegura a liberdade. Portanto, os dois termos, ordem e liberdade, estão longe de ser opostos; prefiro dizer que são correlativos. A liberdade não funciona sem a ordem, a ordem não vale nada sem a liberdade. Obedecer resistindo: aí está todo o segredo. (7 de setembro de 1912)

---

[32] Paul Bernard, *La Notion d'ordre public en droit administratif* (Paris, Librairie Générale de Droit et de Jurisprudence, 1962), p. 75.

O leitor enche-se de repulsa ao ler tais "propósitos". Em suma, prefiro a coruja de Minerva às vacas normandas.

Por ora, convido-os a prosseguir o comentário de nosso acórdão do ponto de vista de seus efeitos práticos, e veremos do que se trata.

b) *Saber e política*

Permanecemos até agora na distinção saber/crítica, vejamos sua aplicação. Diz o Tribunal de Apelação:

> Os comitês de estabelecimento não poderiam, sem faltar a sua missão de órgão representativo do pessoal, e sem exceder seus poderes de gestão das instituições ligadas à empresa, receber nos locais de que dispõem reuniões que tenham tendência, a pretexto de informação e estudo, a realizar uma ação de propaganda ou de luta política em proveito de um partido, qualquer que seja.

O imbróglio é total.

Em primeiro lugar, não estava provado que o saber era uma transmissão de conhecimentos, o que implicava necessariamente informação e estudo? E não foi dito, por outro lado, que a cultura geral compreendia a crítica desse saber? De modo que, logicamente, não se pode censurar quem quer que seja por usar a crítica *a pretexto* de saber!

Em segundo lugar, a crítica é incompatível com a propaganda e a luta política. Por quê?

> [Porque] cada um sente que a informação e a propaganda não se confundem e a reflexão fornece todo tipo de material que permite concretizar o que a intuição fez entrever. A informação diferencia-se da propaganda, a um só tempo, por seus meios e por seus fins. Uma informação extraída sempre das mesmas fontes, utilizando sistematicamente a mesma perspectiva em detrimento de qualquer outra, não oferecendo nenhuma possibilidade de escolha entre atitudes diferentes já não é uma abertura para o mundo, mas tende, ao contrário, a fechar estreitamente o campo da visão do mundo, a condicionar os indivíduos, e não lhes fornece os dados de uma reflexão pessoal, livre e responsável: da informação passa-se à propaganda.[33]

Quanto à luta política, é bem pior, porque ela supõe uma prática política efetiva, que abandona definitivamente a moldura do "pensamento".

E a corte pode então, sem nenhuma segunda intenção, traçar sua linha de demarcação. Não se tem o direito de chamar os trabalhadores "à luta contra a austeridade e o desemprego"; não se tem o direito de lutar pelo "futuro da união

---

[33] Philippe Ardant, "Observations", *Droit Social*, 1976, p. 487.

da esquerda" e insurgir-se contra "o anticomunismo do presidente do grupo Rhône-Poulenc"; não se tem o direito, enfim, de preconizar que os trabalhadores se defendam "politicamente [...] nas fábricas" e lutem "pelas liberdades e pelas liberdades políticas na empresa".

Em última análise, não se tem o direito de criticar o "modelo" da empresa numa sociedade "liberal", sob pena de atentar contra a objetividade e, mais ainda, a condição humana. Estou brincando? É óbvio que não. E é preciso ser muito ignorante para não suspeitar que a ideologia mais moderna da empresa se refere ao homem. Exemplo: a "gestão participativa".

> Por múltiplos aspectos, a administração moderna repousa sobre a confiança no homem, concepção que penetra profundamente nas noções de responsabilidade, erro e sanções e que se pode resumir pelos seguintes traços: todo homem é livre para agir, é capaz, melhor que qualquer um, de tomar as decisões que lhe concernem diretamente. Em sua ação, ele é levado a cometer erros, o que é normal, porque o erro é uma fonte indispensável de conhecimentos e acarreta um reajuste de comportamento. Admitidos como normais, os erros engajam a responsabilidade e são normalmente sancionados, notadamente pela concorrência. O sistema de sanções desempenha um papel essencial de educação e seleção [...]
> A confiança no homem inspira diretamente as técnicas de delegação e direção pelos objetivos, que consistem em atribuir metas a atingir, deixando liberdade de meios, em vez de teleguiar nos mínimos detalhes. Associada ao princípio da rentabilidade, ela conduz à descentralização das estruturas e à autonomia de decisão delegada por centro de lucro.[34]

O "homem" é o centro do universo jurídico, da moral, da política e da empresa. E todos os tribunais seguiram essa ideia. Diz o Tribunal de Paris:

> Os comitês não poderiam, sem faltar a sua missão de órgão representativo do conjunto do pessoal, entregar-se, a pretexto de informação e estudo, a uma ação de propaganda e recrutamento em benefício de um partido, qualquer que seja; não podem ser autorizados a pura e simplesmente pôr a serviço de partidos políticos os locais que lhes são destinados.[35]

"Nenhuma contestação séria pode insurgir-se contra a extensão das atribuições dadas ao comitê de empresa pela lei, as quais excluem toda atividade política"[36]. E os tribunais especificam: a propaganda política pode ser tanto a apresentação do

---

[34] Octave Gélinier, *Le secret des structures compétitives* (Paris, Hommes et Techniques, 1966), p. 145-9.
[35] Tribunal de Grande Instância de Paris, 3 mar. 1976, *Union des Industries Métallurgiques et Minières (Jurisp. Soc.)*, n. 360.
[36] Tribunal de Grande Instância de Nanterre, 2 mar. 1976, *Union des Industries Métallurgiques et Minières (Jurisp. Soc.)*, n. 360.

programa comum da esquerda por um deputado socialista[37] como as propostas do PCF para pôr fim à crise[38].

Afinal, quem ganhou? Os partidos de esquerda ou a burguesia? Não há dúvida de que a "política" entrou na empresa, mas sob qual forma? Ela se tornou objeto de reflexão sobre o "homem", reprodução da ideologia dominante, apologia distorcida da empresa "liberal", reprodução da ideologia de um *savoir-faire*. Diz o Tribunal de Grande Instância de Saint-Étienne:

> Não se poderia considerar estranho à cultura dos assalariados o fato de assistir a análises ou debates sobre a ciência do governo dos Estados, ou a maneira de governar, esses elementos mais ou menos aplicados à situação dos assalariados emigrados concernente a diversos ramos do direito público e privado.[39]

Tal é a lição política ideal. Ensine aos trabalhadores a língua política da burguesia, dê-lhes aulas de direito constitucional, administrativo ou privado, e você terá uma classe operária disciplinada. Depois disso, poderemos ir todos à praia.

Entretanto, ainda não esgotamos a questão. Ao primeiro obstáculo da cultura geral, acrescentou-se um segundo.

2) As obras sociais

Eu já havia anunciado ao leitor a dificuldade. Supondo-se que a política faça parte da cultura geral, uma segunda questão persistiria. Os comitês de empresa, como se sabe, são encarregados de gerir as obras sociais do conjunto do pessoal; por isso, de um lado, não podem exceder sua missão "social" e, de outro, devem satisfazer o conjunto dos funcionários.

Imaginemos uma reunião política. Em primeiro lugar, em que uma "aula" de política é social? Em segundo lugar, a que condições deve corresponder tal aula para satisfazer a todos?

É um termo bem difícil de delimitar: no pensamento jurídico-político, o "social" não se confunde nem com o econômico nem com o político. Constitui um "objeto" autônomo, independente, que deveria viver uma vida própria, cobriria o campo deixado livre pela economia e pela política e, em último caso, demandaria uma jurisdição própria.

De fato, como o leitor verá em breve, o "social" é uma construção do "humano" como objeto de sociedade.

---

[37] Tribunal de Grande Instância de Paris, 11 maio 1976, *Droit Social*, 1976, p. 390.
[38] Idem, 14 dez. 1976, *Droit Social*, 1977, p. 231.
[39] Tribunal de Grande Instância de Saint-Étienne, 4 fev. 1976, *Droit Social*, 1976, p. 384.

Em sua acepção mais corrente, o "social" opõe-se ao "econômico". Este corresponde ao ponto de vista da produção, considerada em seus múltiplos aspectos de quantidade, qualidade, preço de custo, demandas comerciais. Os problemas econômicos são aqueles das condições de produção e organização no sentido mais amplo desses termos. Por oposição, o "social" corresponde ao ponto de vista do homem tomado como tal, em seu desenvolvimento físico, seu bem-estar material, a expansão de todas as suas possibilidades pessoais. Abrange as preocupações com saúde e integridade física, a garantia dos meios de existência, os problemas de formação, promoção e cultura, assim como todos aqueles relacionados à afirmação ou proteção da dignidade do indivíduo, seja em seu trabalho, seja em sua existência diária. Em muitos aspectos, o sucesso de tudo o que é "social" no período recente correspondeu a uma reação do *humano* contra a prioridade dada no século anterior ao econômico, a um econômico frequentemente demasiado desumano.[40]

Essa fábula nasceu no fim do século XIX. Um "dia", tendo o econômico se tornado violento demais, o "humano" que se acha no coração de todo homem revolta-se contra tanta injustiça. A moral se dá conta da existência de uma comunidade humana, constituída em rede intersubjetiva. A ética volta a tornar-se o lugar onde os homens podiam se comunicar "olhos nos olhos". A "questão social" engendrou o homem moderno. A psicologia forneceu as categorias de base – envelhecendo, ela se torna até psicologia das profundezas –, o marginalismo, a dimensão econômica, a sociologia, a dimensão do grupo. A filosofia pôs a questão da questão, ou a questão da natureza do que é, e o direito coroou o conjunto metamorfoseando-se em direito social. Pôde-se começar a falar de "conquistas" dos fracos sobre os fortes, e os direitos humanos tiveram um impulso insuspeito.

"História" ingênua? Não nego, mas essa nova região do humano – do utilitarismo à psicologia social – que culmina hoje na ideologia da empresa (a "gestão") foi logo esquecida; esquecemos que o "poder", do qual se fala à exaustão, é apenas uma nova versão da relação indivíduo/sociedade, agora transformada em relação homem/aparelhos opressivos. Outras palavras, mesmo dispositivo, mesmo desafio. Mas, por ora, contentemo-nos com nosso humilde projeto.

Quando se diz que os comitês de empresa geram as obras sociais, diz-se, na verdade, que eles geram o humano: e, como o humano, como bem sabemos agora, é irredutível à política, esses comitês, para cumprir sua missão, sua "especialidade", como dizem os juristas, devem respeitar uma estrita neutralidade política. Diz o Tribunal de Paris:

---

[40] Pierre Laroque, "Contentieux social et juridiction sociale", *Études et Documents du Conseil d'État*, 1953, p. 23.

> Não cabe a um comitê de empresa impor uma orientação política às obras sociais que ele administra; com efeito, em matéria de obra social, a liberdade de cada um deve ser respeitada, e isso só pode ocorrer dentro da neutralidade política; os direitos de cada um dos trabalhadores que se beneficia das obras sociais são iguais; se cabe a cada um deles manifestar uma opinião política, deve-se levar em conta os direitos da minoria.[41]

Isso quer dizer que, do ponto de vista da empresa, a comunidade de trabalhadores é uma comunidade "social", cuja homogeneidade encontraria seu sentido no humano. Isso quer dizer também que a empresa capitalista aparece como o único lugar onde os homens são ligados pelo humano, o único lugar onde não se opera nenhuma discriminação, já que o trabalho torna os homens iguais; portanto, o único lugar onde eles realizam sua liberdade de trabalhador. Em suma, a empresa consegue a façanha com que sonha todo papa minimamente liberal: o ecumenismo.

> No espírito do legislador, as obras sociais não são o apanágio nem de uma maioria, nem de uma minoria; são destinadas a todo o pessoal da empresa, sem nenhuma distinção de raça, religião, opinião ou mesmo nacionalidade; donde a necessidade de descartar toda propaganda de seu domínio de ação.[42]

É fácil conceber que a política apareça como um estraga-prazeres na grande parada da felicidade. Vejamos isso um pouco mais de perto.

Um comitê reservou parte de seu orçamento a subvenções destinadas a enviar delegados ao Festival da Juventude em Berlim. Valentemente, o Ministério Público se lança na arriscada busca do social e do político.

O que é o "social"? "Não se poderia negar a princípio", diz o honorável magistrado, "o valor 'social' em si de uma viagem – a sabedoria das nações não proclama sua virtude formadora? – e de uma estada no estrangeiro, que não podem senão reservar aberturas proveitosas aos espíritos jovens." Profundo, não? Qual será o ideal da juventude operária? Deguste o leitor o encanto dessa evocação. O jornal do Comitê Internacional do festival

> oferece, de início, o anúncio e o relato de competições esportivas, trocas culturais, representações teatrais, desfiles folclóricos, largamente ilustrados por fotografias simpáticas de jovens rostos de todas as raças alegremente radiantes.
>
> Tudo isso evoca a ciranda ao redor do planeta de todos os meninos e meninas do mundo, a roda pacífica sonhada pelo poeta [...]
>
> E tudo isso é belo e bom.[43]

---

[41] Tribunal Civil do Sena, 9 jan. 1953, *Droit Social*, 1953, p. 151.
[42] Conclusões Albaut, Tribunal Civil do Sena, 9 jan. 1953, *Droit Social*, 1953.
[43] Conclusões Souleau, Tribunal Civil do Sena, 3 jul. 1963, *La Semaine Juridique (JCP)*, 1963, n. 13, 448.

Quando o Ministério Público entra em campo, vale por dois subgovernadores. Mas passemos às coisas sérias. O social era o sonho do "poeta", de um François Coppée, radical-socialista de ocasião; o político é outra coisa: abandonam-se as futilidades e delicadezas e se salva a própria pele.

Condenar a "guerra suja da Indochina" é do domínio do político; exigir que as potências ocidentais reconheçam a China de Pequim é do domínio do político; proclamar que o Festival da Juventude será realizado "no momento em que todos os povos, e em particular o povo da França, engajam-se numa grande batalha contra o rearmamento alemão" também é do domínio do político, assim como a mensagem endereçada "ao sábio mestre e guia, ao melhor amigo, o grande Stalin [...] do qual 1.056.998 jovens alemães [nem um a menos, nem um a mais!] estudaram a obra máxima, os *Princípios do leninismo**, para extrair dela os conhecimentos decisivos para a luta pela paz".

E o Ministério Público conclui:

> Quando se examinam, com toda a objetividade, os documentos produzidos, constata-se, de um lado, que os jovens participantes do Congresso de Berlim foram submetidos ali a um doutrinamento político e, de outro, que sua participação era um dos elementos de uma campanha política, servia a uma política determinada, assim como queriam os organizadores franceses e sabiam os membros dos comitês de estabelecimento [...]
> Não se poderia admitir que fundos destinados exclusivamente a alimentar uma ação social, isto é, uma ação politicamente neutra, possam servir a isso.
> Considero, portanto, que as decisões dos três comitês de estabelecimento em causa, subvencionando a participação de assalariados no Festival de Berlim, são ilegais [...].[44]

Creio que tudo isso é muito claro, e o tribunal decide sem dificuldade.

> Considerando que o caráter essencialmente político das atividades principais do festival era incompatível com a obrigação de neutralidade que resulta, para os comitês de estabelecimento (ou de empresa), de seu dever de dirigir a ação social em proveito de todo o pessoal, sem distinção de opinião; que nessa matéria a liberdade de cada um deve ser respeitada, e isso só pode ocorrer dentro da neutralidade política; que os direitos de cada um dos trabalhadores que se beneficia das obras sociais são iguais, e que, se cabe a cada um deles manifestar uma opinião política, deve-se levar em conta os direitos da minoria.[45]

E o tribunal pode opor a comunidade dos trabalhadores ao comitê de estabelecimento.

---

* Vila Nova de Famalicão, Livraria Júlio Brandão, 1972. (N. E.)
[44] Conclusões Souleau, cit.
[45] Ibidem.

> Considerando que a deliberação do comitê de estabelecimento é nula, por ter ignorado a obrigação que lhe cabia de não dispor dos fundos senão em proveito de verdadeiras obras sociais e que lhe impunha tê-la observado; considerando, com efeito, que os fundos postos à disposição dos comitês, ou os que eles poderiam vir a obter, possuíam uma destinação determinada pelos textos legais e regulamentares, e a maioria, ou mesmo a unanimidade dos membros de um comitê, não pode evitar essa destinação ou legitimar uma utilização dos fundos contrária à lei; que um comitê não pode utilizar os recursos dos quais ele tem a gestão como faria um particular com os fundos dos quais fosse proprietário [...].[46]

Os comitês têm a missão de gerir o humano, do mesmo modo que os sindicatos, como veremos, têm a missão de gerir o profissional. A divisão da classe operária é exemplar, quando se acrescenta que os partidos têm a missão de gerir o político.

Mas, então, eis que emerge no debate uma pequena questão um tanto pérfida. Quem tem a atribuição de controlar a boa execução do orçamento dos comitês? Quem pode ser admitido para exercer uma ação que permite a declaração de nulidade de decisões abusivas? Na hipótese, por exemplo, de um comitê encaminhar fundos a grevistas, em nome da solidariedade operária?

A doutrina viu o perigo: a política seria reintroduzida, se tudo fosse misturado: obras sociais + solidariedade operária, já não vale a pena. Uma empresa pode ter "caixa dois" para financiar partidos ou milícias, mas um comitê não!

> A necessidade de controle é evidente. Como o chefe da empresa e os operários poderiam resignar-se a ver o comitê desviar fundos de sua destinação e assistir impotentes a atos arbitrários? É indispensável que uma via de direito exista para sancioná-los depois de verificada a ilegalidade pelo juiz.[47]

E ainda:

> Tudo requer na prática um controle jurisdicional [...] O legislador, instituindo os comitês de empresa e atribuindo-lhes recursos estáveis, notadamente por uma contribuição imposta ao empregador, não pode deixar a maioria do comitê absolutamente livre para dispor desses recursos como bem quiser.[48]

Trata-se, pois, de defender a classe operária contra seus próprios representantes!

Mas é grande o embaraço. Quem tem qualidade para exercer a ação? Não se pode confiar nos membros dos comitês, que podem ser enganados, subvertidos, contaminados; não se pode confiar cegamente no próprio pessoal, sobretudo porque a autonomia jurídica do comitê se oporia a tal ação, uma vez que esta "não teria

---
[46] Ibidem.
[47] Pierre Hébraud, *Droit Social*, 1954, p. 342.
[48] Vedel, *Informateur du chef d'entreprise*, 1951, p. 33.

nenhum proveito para seus respectivos patrimônios e não sancionaria nenhum direito pertencente a cada um deles pessoalmente"[49]. Não se pode apelar para o empregador enquanto tal: o comitê não lhe pertence. "O empregador, enquanto tal, não encontra em nenhum texto poder de controle sobre a gestão dos comitês; essa gestão é feita sob a responsabilidade única dos membros do referido comitê."[50]

Seria esse o impasse? Não mesmo! Lembrando que o legislador, em sua grande sabedoria, decidiu que o empregador era membro do comitê, e a jurisprudência, tendo posto o princípio geral e indubitável de que "todo membro do comitê tem a obrigação de zelar para que os fundos dos quais ele assegura a gestão sejam empregados em conformidade com a lei"[51], o tribunal pode decidir que "o empregador, na qualidade de membro do comitê [...] tem o dever de zelar para que o emprego dos fundos dos quais dispõe o comitê seja conforme às disposições legais e regulamentares"[52].

E, se for acrescentado que o empregador é membro do comitê na medida em que faz "sua" contribuição, só restará o silêncio. Alguém já viu um empregador dar dinheiro "dele" a um comitê que o utilizaria para financiar uma greve ou um movimento subversivo? É pedir que ele seja seu próprio coveiro!

É claro, desde que se esqueça de que esse dinheiro é mais-valor extorquido dos operários, que esse dinheiro é dinheiro dos trabalhadores!

Em última análise, por uma extraordinária reviravolta, que deveria espantar apenas os ingênuos, a classe operária é intimada a financiar seu próprio controle patronal, assim como a polícia da empresa ou, melhor ainda, a polícia do Estado burguês.

Assim, é preciso refletir seriamente sobre esta máquina infernal: a oposição profissional/político servia à luta econômica, a oposição social/político serve à luta ideológica.

É por isso que, no fim das contas, o "social" leva à "neutralidade política", que o patronato tem a missão de controlar.

E como fica, em última análise, a "democracia na empresa", do ponto de vista da burguesia? Vejamos.

3) Neutralidade política e liberdade

A causa está definida: os comitês, sob pena de atentar contra a lei, devem respeitar uma estrita neutralidade política. Esse é o sentido da distinção informação/propaganda.

---

[49] Corte de Cassação, 8 out. 1953, *Droit Social*, 1954, p. 348.
[50] Tribunal Civil do Sena, 3 jul. 1963, 1ª espécie, cit.
[51] Amiens, sobre reenvio da Corte de Cassação, Câmara Criminal, 27 out. 1955, *Bulletin des Arrêts de la Cour de Cassation*, n. 426.
[52] Tribunal Civil do Sena, 3 jul. 1963, 2ª espécie, cit.

[A informação] neutra e pluralista, não força o conceito de cultura e o princípio de especialidade do comitê. A propaganda, caracterizada por seu objetivo de doutrinamento e em favor de uma única tendência, trai a vocação do comitê e constitui um abuso de direito.[53]

Mas como fazer para que essa distinção seja respeitada, como traçar a linha de demarcação, como decidir que tal intervenção é informação e tal outra é política? O leitor percebe que essa pesquisa implica necessariamente, por força das circunstâncias, meios de investigação um tanto particulares; que será preciso estabelecer, para alargar os horizontes do tribunal, um verdadeiro dispositivo policial. Em suma, que tudo isso vai resultar num caso de polícia política. Para fazer que a liberdade seja respeitada, haverá uma caça aos suspeitos.

E os ideólogos vão reunir os grandes princípios e causarão pavor, segundo uma tática já testada.

A opinião pública, os meios políticos e a doutrina estão tão atentos à proteção das liberdades do cidadão contra os ataques do poder público quanto estão desinteressados, até o presente, da possibilidade de opressão que contêm essas instituições e as situações que podem derivar disso.[54]

Em outras palavras, a revolução está à espreita.

A exclusão dos partidos políticos da empresa fundamenta-se, portanto, no estado atual do direito positivo, no direito de propriedade e no poder de direção do empregador. Compreende-se que partidos que se deem como objetivo o fim da propriedade privada dos meios de produção buscam, desde logo, atentar contra ela, organizando-se na empresa em contrapoder. Mas essa estratégia não está em consonância com a afirmação de que é pelos meios democráticos e pela via da eleição que eles pretendem conquistar o poder.[55]

É melhor temer antes do que depois; é melhor eliminar pela raiz toda veleidade política, toda veleidade de organização política nos locais da produção. O que aconteceria se os operários "descobrissem" que podem dirigir a fábrica, e que isso também é política! Ninguém ousa imaginar!

Mas a burguesia é obrigada a imaginar; em nome da lei, utilizará suas milícias, seus espiões e seus delatores; mobilizará todos os seus recursos, em nome da liberdade dos trabalhadores, e tudo isso provoca um arrepio na espinha. "Jamais em outro domínio", dirá um professor de direito, ainda assim um pouco assustado,

---

[53] Yves Chalaron, "Les oeuvres sociales dans l'entreprise: les limites du pouvoir ouvrier intégré", *Droit Social*, 1978, p. 1 e ss.
[54] Philippe Ardant, "L'organisation de réunions politiques par les comités d'entreprise", cit.
[55] Jean Savatier, "Les activités politiques dans l'entreprise", cit.

"os tribunais judiciais foram convidados a vigiar o rumo das inclinações políticas. Nunca o remédio foi pior que o próprio mal."[56]

Pouco importa. Está aberta a caça às bruxas, os MacCarthy despontam no horizonte. Eis uma declaração programática: apreciemos seu sabor.

Não é preciso dissimular as dificuldades que se encontrão às vezes para traçar, aqui também, uma fronteira entre informação e propaganda: o fato, por exemplo, de convidar representantes de um partido político aos locais do comitê não é, por si só, um ato de propaganda.[57]

Peço ao leitor que siga meu raciocínio: na hipótese de um partido burguês cogitar falar aos assalariados, não se deve proibi-lo! Prossigamos.

Outros elementos devem intervir para dar esse caráter ao convite. O obstáculo não é insuperável, todavia. O caráter de propaganda poderá aparecer tanto numa manifestação isolada quanto numa sucessão de atividades. Assim, a reunião organizada com o concurso de um partido político e visando, a título principal ou acessório, recolher fundos, assinaturas ou adesões nos locais do comitê perseguirá menos um objetivo de informação do que os interesses do partido convidado.[58]

Aliás, às vezes, a reunião planejada resultará menos de uma iniciativa deliberada do comitê do que de uma solicitação endereçada a um partido político desejoso de expor, com o objetivo de fazer propaganda, suas próprias teses ao pessoal da empresa. O juiz poderá, então, referir-se à existência de uma campanha oficial confessa, ou claramente demonstrada, pelo partido, para deduzir que a reunião não foi organizada no interesse dos assalariados, e sim no interesse da organização política.[59]

O leitor acompanhou bem: presume-se legalmente que o "partido dos trabalhadores" sempre faz propaganda – mesmo por hipótese.

Mas as coisas pioram consideravelmente:

Do mesmo modo, o fato de um comitê associar regularmente o mesmo partido a suas atividades de cultura geral, fazer "reuniões de informação" com pessoas sempre originárias de uma mesma tendência política, manifestaria uma recusa de garantir, pela exposição de uma pluralidade de pontos de vista, uma verdadeira informação e, por outro lado, uma vontade de favorecer um proselitismo partidário.[60]

Como saber? Muito simples.

---

[56] Yves Chalaron, "Les oeuvres sociales dans l'entreprise: les limites du pouvoir ouvrier intégré", cit.
[57] Philippe Ardant, "L'organisation de réunions politiques par les comités d'entreprise", cit.
[58] Tribunal de Grande Instância de Nanterre, 12 fev. 1976.
[59] Philippe Ardant, "L'organisation de réunions politiques par les comités d'entreprise", cit.
[60] Ibidem.

A permanência de laços com uma ideologia política contrária à neutralidade do comitê aparecerá frequentemente como evidência da aproximação de suas atitudes em domínios diversos: convites endereçados sistematicamente a artistas ou escritores que sejam membros de determinado partido, assinatura de contratos com grupos de compras notoriamente do mesmo partido, organização de atividades de lazer com a ajuda desse partido etc. A composição da biblioteca constituída pelo comitê poderá até, eventualmente, servir de indício [...].[61]

Um pouco atordoado, outro autor comenta:

Sem dúvida, será necessário constituir, para uso dos tribunais, um arquivo de personalidades, artistas, escritores e organismos cuja frequentação ou leitura, doravante, tornem suspeita a missão cultural do comitê. E tudo isso, é claro, para defender as liberdades.[62]

Como também se poderiam definir as proibições:

Não tratar com nenhum organismo cuja direção compreenda mais de 50% de membros do PCF, ou obrigação de "composição mista": uma estada em Corfu com o Club Méditerranée e uma viagem à URSS com [a associação] Turismo e Trabalho, um livro da "Série noire" e um das "Éditions Sociales", um Michel Sardou e um Jean Ferrat [...].[63]

E ainda somos informados de que o responsável pela biblioteca era encarregado de submeter cada livro à aprovação do empregador, para verificar se não seria "político ou nocivo"[64]! Todo mundo sabe que os fascismos são sempre misóginos: o ódio às mulheres é sempre um ódio político. Veja-se Stalin, veja-se Pétain, e que se pense em todos os outros, aqueles que sonham e aqueles que não sonham.

E os tribunais darão uma mão: censurarão impiedosamente, caçarão a política, realçarão o menor sintoma dessa peste negra.

A revista "social" do patronato se preocupava com a sutil distinção entre informação e propaganda? Não dizia "que é, de fato, muito difícil imaginar que conferências destinadas a promover a cultura política sejam perfeitamente neutras no plano da ideologia e capazes de convir ao conjunto dos assalariados, quaisquer que sejam as opiniões políticas de cada um"[65]? Não seja por isso, essas dúvidas refinadas de humanista encontrarão um eco complacente e nostálgico. Essa "distinção", dirá o Tribunal de Paris, "só pode ser imperceptível e, por isso mesmo, ilusória na ausência de critérios suscetíveis de conduzir a um consenso

---

[61] Ibidem.
[62] Yves Chalaron, "Les oeuvres sociales dans l'entreprise: les limites du pouvoir ouvrier intégré", cit.
[63] Pierrette Rongère, "Les comités d'entreprise et la politique", cit.
[64] Bernard Miège, *Les comités d'entreprise, les loisirs et l'action culturelle* (Paris, Cujas, 1974), p. 66.
[65] *Union des Industries Métallurgiques et Minières (Jurisp. Soc.)*, n. 360.

geral, de tal sorte que todos têm todas as chances de ficar atados a sua própria 'verdade'"[66]. A única "verdade" é a do silêncio. Que escárnio! E esse mesmo tribunal expõe seu ceticismo pirandelliano: "No atual estado dos costumes – e à parte qualquer julgamento de valor –, dada a sutileza de certos métodos e técnicas, uma informação que vise a cultura política, qualquer que seja sua origem, não pode ser claramente esvaziada de seu conteúdo de propaganda"[67].

Com essas diretivas, não vamos muito longe!

Deixemos de lado todas essas declarações, porém guardemos seu gosto amargo na boca e examinemos o que essa polícia nos revelará sobre a "neutralidade" da empresa.

Essa polícia atualiza uma insólita geografia da empresa, ou melhor, uma "geopolítica" da empresa. Como? Como sabemos, toda soberania se exerce sobre um território e sobre sujeitos; nesse sentido – e em outros, como veremos –, ela funciona segundo o modelo do Estado; ela possui um governo, um território e sujeitos. E, para representar bem as coisas ao leitor, vamos imaginar que os locais dos comitês – ou dos sindicatos – constituem uma espécie de enclave dentro do território da empresa, um enclave dotado de uma espécie de extraterritorialidade, de modo que os conflitos sugerem conflitos de soberania, de Estado contra Estado, se o leitor preferir.

No entanto, essa metáfora não é exata, porque o patrão possui os maiores trunfos: em primeiro lugar, ele controla todas as vias de acesso; em segundo lugar, ele pode exercer um tipo de direito de sequência, isto é, de intervir legalmente no interior dos locais.

Examinemos o controle das vias de acesso.

As vias de acesso permanecem sob o poder patronal (e sua responsabilidade) de manter a ordem e a segurança; por conseguinte, mesmo na ausência de qualquer intenção do empregador de opor-se à ação do comitê, existe matéria para restrições e atritos, notadamente quando o comitê convida grupos de pessoas estranhas à empresa.[68]

Isso porque as vias de acesso fazem parte do território da empresa. "Convém recordar que a empresa não é um lugar público, mas um lugar privado; nenhum texto permite às pessoas que não façam parte do pessoal [...] penetrar nos locais de trabalho sem o consentimento do chefe do estabelecimento."[69]

---

[66] Tribunal de Grande Instância de Paris, 31 maio 1977, *Union des Industries Métallurgiques et Minières (Jurisp. Soc.)*, dez 1977, n. 379.
[67] Ibidem.
[68] Yves Chalaron, "Les oeuvres sociales dans l'entreprise: les limites du pouvoir ouvrier intégré", cit.
[69] Tribunal de Grande Instância de Bobigny, 17 maio 1977, *Union des Industries Métallurgiques et Minières (Jurisp. Soc.)*, nov. 1977, n. 378.

O direito de propriedade reina absoluto; é preciso ter em mente que o território é o suporte material da propriedade, e que ninguém tem o direito de utilizar um dos bens da sociedade sem o consentimento do proprietário.

Melhor ainda, é o que especifica o regulamento interior das empresas. Por exemplo, o regulamento da Chausson: "A fábrica é um terreno exclusivamente reservado ao trabalho. Toda propaganda, de qualquer natureza que seja: distribuição ou venda de jornais, panfletos, inscrição etc., é rigorosamente proibida"[70].

Pois bem, pode-se antever facilmente os atritos? O representante de um partido de esquerda apresenta-se às portas da empresa; ele é suspeito *a priori* de fazer propaganda; seu caminho é barrado pelo patrão, pelo comissário de polícia e pelo oficial de justiça. "Faço reinar a ordem", exclama o patrão, "você não entrará na minha fábrica". E brande uma ordem judicial assim redigida:

> A sociedade X..., legalmente representada pelo presidente de seu conselho de administração, sem que seja necessário que ele seja nominalmente designado, tem legitimidade para propor uma ação proibindo o acesso ao estabelecimento a qualquer um estranho a seu pessoal, se preciso com a ajuda da força pública, desde que os locais por ela postos à disposição do comitê de empresa, conforme as disposições legais, encontrem-se dentro do perímetro da Sociedade, e estejam, a esse título, submetidos a uma finalidade social, sujeita a crítica de qualquer pessoa interessada, que possua uma função jurídica ou eletiva na empresa.[71]

Conclusão:

> Proibimos ao sr. X..., considerado em sua qualidade de secretário do comitê de empresa, e a qualquer membro do referido comitê de realizar a reunião da célula Y... do Partido Comunista Francês, anunciada por... nos locais postos à disposição do comitê pela sociedade Z...
>
> Proibimos, em consequência, o acesso a tais locais a qualquer pessoa estranha ao pessoal da empresa, e se preciso com a assistência da força pública.[72]

E passo por cima de certas manobras, porque não posso dizer tudo: por exemplo, destinar um mesmo local a uma obra social e a uma atividade ligada à produção para poder intervir mais facilmente; tornar o local do comitê contíguo às instalações de segurança para poder ordenar sua desocupação... Vale tudo nessas importunações, nessas astúcias; porque a luta de classes acontece nos detalhes, como tudo o mais.

---

[70] Citado no Tribunal de Instância de Asnières, 18 ago. 1977, *Union des Industries Métallurgiques et Minières (Jurisp. Soc.)*, nov. 1977, n. 378.
[71] Tribunal de Grande Instância de Nanterre, 2 mar. 1976, *Droit Social*, 1976, p. 388.
[72] Ibidem.

Não insisto. Vejamos de perto a censura exercida sobre as próprias atividades.

Examinemos o controle interno.

A censura vai tomar duas direções essenciais: de um lado, recusa qualquer análise geral da política preconizada pelos partidos de esquerda – porque, "espantosamente", nenhuma decisão visa os partidos majoritários; de outro, recusa a correlação dos problemas políticos com os problemas específicos da empresa considerada.

a) A política geral

Uma reunião sobre o tema: "A situação econômica e social, a crise do capitalismo – os problemas do emprego" é censurada. Por quê? Porque se trata da apresentação do programa comum da esquerda[73].

Uma reunião sobre o conjunto da política do PCF e questões como os acontecimentos em Portugal e o futuro da união da esquerda na França é censurada[74].

Uma série de reuniões é censurada porque uma delas foi anunciada num panfleto intitulado: "O PSU e as eleições municipais"[75].

A apresentação dos resultados de uma pesquisa econômica realizada por parlamentares comunistas é censurada, porque essas reuniões tendem, "com pretexto de pesquisa econômica, a fazer propaganda eleitoral"[76].

Como vê o leitor, os tribunais são impiedosos. Mas há mais: eles não admitirão que se faça a ligação entre a situação da empresa e a política.

b) A situação da empresa

Aqui, as coisas são ainda mais gritantes. A jurisprudência recusa obstinadamente que os partidos coloquem a situação da empresa no contexto nacional; não admite que se faça a ligação entre o particular e o geral.

Uma reunião sobre o tema: "Os trabalhadores da Secan e a crise – as soluções do Partido Comunista", na qual o PCF deve intervir, é censurada. Motivo: "A pauta dessa reunião, à qual se opõe a direção da sociedade Secan, ameaça provocar problemas no interior da empresa, problemas suscetíveis de se estenderem às outras empresas do grupo Chausson que se encontram no mesmo perímetro"[77].

---

[73] Tribunal de Grande Instância de Paris, 11 maio 1976, 4ª espécie, *Droit Social*, 1976, p. 384.
[74] Tribunal de Grande Instância de Lyon, 21 maio 1976, *Droit Social*, 1976, p. 489.
[75] Tribunal de Grande Instância de Paris, 27 abr. 1977, *Union des Industries Métallurgiques et Minières (Jurisp. Soc.)*, n. 377, p. 324.
[76] Tribunal de Apelação de Lyon, 3 nov. 1977, 3ª espécie, *Union des Industries Métallurgiques et Minières (Jurisp. Soc.)*, n. 379, p. 396.
[77] Tribunal de Grande Instância de Nanterre, 2 mar. 1976, 3ª espécie, *Droit Social*, 1976, p. 384.

Uma conferência sobre a imprensa e a informação (televisão, rádio etc.) – que ironia! – é censurada, porque "hoje em dia não é nem aleatório nem temerário afirmar que ela constitui uma manifestação política que não é autorizada pela lei atualmente em vigor"[78]. Específico que se tratava do grupo Hachette.

No mesmo grupo, um convite endereçado a partidos políticos – e relacionado à preocupação das duas organizações sindicais encarregadas de organizar as reuniões "de fazer coincidir as informações dos partidos políticos com os problemas próprios da empresa, como a crise da imprensa, cuja análise feita pelos partidos e cujas soluções preconizadas por eles seria interessante conhecer" – é censurado. Por quê? Porque "o tema da primeira reunião prevista era precisamente 'A imprensa', e assim aparecia, para além da informação, uma propaganda política, cuja natureza não era atribuída por sua abertura a todos os partidos qualificados de "democráticos"[79].

Tudo é censurado, não importa o quê, com toda a força, fazendo parecer que tudo é "político". Censura-se sem medo do ridículo. Uma célula do PCF quer realizar uma reunião sobre "A democracia na empresa e a gestão democrática"? Censura edificante!

> O comitê não poderia, sem extrapolar suas prerrogativas, pôr um local à disposição de um partido político para sediar ali uma reunião-debate e, a pretexto de informar, realizar, em razão do debate que se seguirá, uma ação de propaganda em benefício do partido que organizará a reunião.[80]

Não inventei nada: "em razão do debate que se seguirá"! E ainda é censurada uma reunião cujo objetivo é "protestar contra os atentados às liberdades"[81]!

Que triunfo! Diante dessa massa impressionante de decisões – e, evidentemente, não citei todas – de que valem os grandes discursos, os grandes princípios, as discussões intermináveis de juristas sobre a pouca democracia? E de que valem aquelas duas decisões "favoráveis" às reuniões, as únicas que pude encontrar? Uma, já citada, em que a política é reduzida ao "direito", e acrescida da advertência:

> Convém notar que uma fraude à lei seria suscetível de se realizar se o convite a partidos políticos não fosse muito acessório em relação àqueles feitos a outros organismos mais

---

[78] Tribunal de Grande Instância de Paris, 31 maio 1977, 1ª espécie, *Union des Industries Métallurgiques et Minières (Jurisp. Soc.)*, n. 379.
[79] Tribunal de Grande Instância de Paris, 16 nov. 1977, 2ª espécie, *Union des Industries Métallurgiques et Minières (Jurisp. Soc.)*, n. 379.
[80] Tribunal de Grande Instância de Chambéry, 4ª espécie, *Union des Industries Métallurgiques et Minières (Jurisp. Soc.)*, n. 379.
[81] Tribunal de Grande Instância de Paris, 3 mar. 1976, 1ª espécie, *Union des Industries Métallurgiques et Minières (Jurisp. Soc.)*, n. 360.

direta e funcionalmente culturais; esse caráter acessório pode resultar das comparações de frequência dos dois tipos de reunião no curso de um mesmo ano civil.[82]

E outra, em que a reunião foi realizada em condições tais que não poderia ser censurada. Porque o tema era o seguinte: "As liberdades dos trabalhadores e de suas instituições representativas na empresa"; porque "todos os partidos políticos legais e estruturados no plano nacional, sem nenhuma exceção, todas as organizações sindicais representadas na empresa" foram convidados; porque a reunião foi realizada "na presença da imprensa nacional e regional, convidada pela diversidade de correntes de pensamento expressas por ela"; porque, *nec plus ultra*, "associações de juristas, à parte qualquer pertencimento político, foram chamadas para contribuir com seu ponto de vista nos debates"[83].

Eis a verdade. A vigilância ininterrupta da burguesia, a eficácia de suas táticas, a estabilidade de seu poder. A verdade: uma colusão entre patrão, polícia, tribunais e Universidade no seu conjunto. Uma mobilização do aparelho de Estado. Eis a realidade da democracia burguesa, porque, como em todas as coisas, é preciso olhá-la por baixo. Mas veríamos outra coisa se analisássemos a fundo a ideologia "progressista" e "social" da esquerda?

Quase terminei; antes, gostaria de convidar o leitor a desenvolver um último raciocínio. Qual é a relação entre as massas e o "poder" sindical? Porque o "poder" sindical também é o lugar de uma luta de classe onde o proletariado representa sua própria história, e a burguesia, sua hegemonia.

---

[82] Tribunal de Grande Instância de Saint-Étienne, 4 fev. 1976, 1ª espécie, *Droit Social*, 1976, p. 384.
[83] Tribunal de Grande Instância de Nanterre, 3 fev. 1977, *La Semaine Juridique (JCP)*, 1977, I, 2863, anexo II.

Terceira parte

A QUEM "PERTENCE" A CLASSE OPERÁRIA?

A burguesia "apropriou-se" da classe operária; impôs seu terreno, seu ponto de vista, seu direito, sua organização do trabalho, sua gestão. Restava-lhe apropriar-se da "organização da classe operária enquanto classe" (Engels), isto é, dos sindicatos operários.

E essa é uma questão e tanto, como se pode suspeitar; é uma questão que se coloca hoje na França, depois de ter se colocado nos Estados Unidos, na Inglaterra, na Alemanha: o sindicato está "contaminado", investido da ideologia dominante? Querendo ou não, reproduz com variantes nacionais o poder da burguesia? Transformou-se em parceiro "legal"?

Sim e não. Não, porque a relação base/sindicato é absolutamente específica, porque as massas não "obedecem" aos sindicatos da mesma maneira como os funcionários obedecem a seus superiores, ou os militantes à linha de seu partido. Sim, porque a burguesia contaminou a organização operária; intimou-a a transformar-se em burocracia, funcionando segundo o modelo do poder burguês; intimou-a a "representar" a classe operária segundo o esquema burguês da representação; impôs-lhe uma língua, um direito, uma ideologia do comando da hierarquia que fariam das massas um sujeito submisso, sensato e "responsável".

Melhor ainda: a burguesia tentou – e, de certo modo, conseguiu – negar às massas qualquer palavra e qualquer existência fora da legalidade. Onde "existe" a classe operária, senão no sistema sindical que a "representa" profissionalmente, senão no sistema de partidos, que a "representa" politicamente? Onde ela fala, senão pela voz de seus representantes "autorizados", nas instâncias autorizadas, num espaço autorizado?

A burguesia distribui os espaços, os poderes; recorta a classe operária numa teoria de equilíbrio dos poderes. "O país da livre iniciativa manteve a existência de poderes distintos: poder sindical, poder do Estado." Quem disse isso? O presidente do CNPF, diante da Comissão das Liberdades[1] da Assembleia Nacional, em 7 de julho de 1976.

Entretanto, as coisas não são tão simples. Investidos do poder legal de representar a classe trabalhadora, os sindicatos são excedidos por sua própria legalidade. Por quê? Simplesmente porque a classe operária não é "representável": não constitui um corpo – como o eleitorado, por exemplo –, não constitui uma soberania abstrata – como a nação ou o povo –, é uma classe que conduz a luta de classes. Sua existência de classe é "extralegal", "inapreensível". Ela não pertence a "ninguém", senão a ela mesma, ou a sua própria liberdade.

É por isso que sua organização é, por essência, contraditória. De um lado, o sindicato funciona como um aparelho ideológico de Estado; de outro, o que nele se produz o destrói como aparelho. É por isso também que a tática da burguesia é contraditória: de um lado, ela trabalha para um sindicato forte, unido, rico, apolítico, enquadrando uma classe operária sóbria e sabedora de seus interesses; de outro, ela teme essa organização na qual trabalha clandestinamente a "liberdade" das massas.

E é por isso, enfim, que, se existe um lugar onde o direito falha, se existe um lugar onde o sistema fabuloso de distribuição dos poderes, de organização dos espaços, de fixação das fronteiras e das competências fracassa, é exatamente por esta razão: legalizar essa "liberdade" é talvez a única coisa que o direito jamais conseguiu fazer.

O que vou estudar, portanto, é essa "falha" jurídica, que é também uma falha ideológica e política. Vou estudar esse "elo" frágil numa prática operária da maior atualidade: a ocupação de fábricas pelos trabalhadores em greve.

Veremos que pelo viés de uma problemática procedimental – como levar os grevistas diante de um juiz para ordenar sua expulsão – surgirão questões completamente insólitas. Por exemplo: como "apreender" – no sentido procedimental de "pôr as mãos em" – operários em greve? Como interpelar a greve como "sujeito"? Por conseguinte, como representar essa "comunidade"?

Estamos num vazio jurídico, o vazio jurídico da existência das massas. Assumimos o risco de sondá-lo.

As aporias do fato

Uma coisa é certa: devemos apreender o inapreensível, isto é, os grevistas, do contrário todas as regras do direito fracassarão. De fato, o direito só apreende pessoas, sejam "físicas" – você ou eu –, sejam "morais" – uma sociedade comercial,

---

[1] Essa comissão não existe mais na formação atual da Assembleia Legislativa francesa. (N. T.)

uma associação, enfim, uma estrutura representada por órgãos habilitados. Ora, os grevistas não constituem nem uma pessoa física nem um agrupamento de direito. Eles não têm razão social, sede social, estatutos... Assemelham-se mais a uma "horda selvagem", sem identidade e sem mestre. Por isso, do ponto de vista estritamente jurídico, sua "apreensão" é impossível, já que eles não têm "personalidade jurídica", a qual "pertence, em princípio, qualquer agrupamento dotado de uma possibilidade de expressão coletiva para a defesa de interesses lícitos, dignos, portanto, de serem juridicamente reconhecidos e protegidos"[2].

Como fazer? Como apreender essa massa, como torná-la apresentável, portanto representável e homogênea? Como transformar a "horda selvagem" em tropa disciplinada, conduzida por chefes responsáveis?

Os juristas trabalharão em três direções, e todas terão um denominador comum: a representação sindical. Eles vão, cada um com sua ideologia, cada um com seus argumentos, empenhar-se para reduzir as massas, enquadrá-las, fazer com que se curvem a uma ordem. Alguns de maneira feroz, outros com flores, mas todos com coroas fúnebres.

Novembro de 1969: os operários da empresa Alsthom[3], em Toulouse, entram em greve e ocupam as instalações. Desde maio de 1968, a prática é corrente. O empregador decide pela expulsão; normalmente, ele deve citar cada um dos grevistas perante o tribunal, pois, na França, diz-se que ninguém pode ser condenado sem ser ouvido (princípio do contraditório). Nesse caso, vemos sem dificuldade que essa é uma solução impraticável.

Os juristas vão "inventar" uma solução: agem como se as greves só pudessem ser realizadas por "líderes", e agem como se os líderes fossem os dirigentes sindicais. Conclusão prática: basta citar os líderes, que representam seus camaradas, e ordenar sua expulsão, assim como de "todos aqueles que ocuparem a fábrica de seu patrão". Conclusão ideológica: as massas "obedecem" necessariamente a alguém.

Mas, sob a singela fórmula jurídica, esconde-se um problema temível: a que título os dirigentes sindicais representariam os grevistas. E os sindicatos abraçam a questão do "título". "Não somos", dizem eles, "nem os mestres nem os representantes dos grevistas. Nós representamos apenas a nós mesmos." Entenda-se: para as necessidades da causa, nós reconhecemos a "liberdade" das massas. Entenda-se ainda: se quiserem expulsar os grevistas, respeitem o direito; apresentem a cada um, pessoalmente, e por um oficial de justiça, uma citação para comparecer em juízo.

O tribunal deu a ordem: ela fará correr muita tinta e colocará problemas quase insolúveis.

---

[2] Corte de Cassação, Câmara Civil, 28 jan. 1954, *Recueil Dalloz*, 1954, p. 217.
[3] Alsthom é uma sociedade especializada na construção de infraestruturas de energia térmica. (N. T.)

É corrente que a função de dirigente sindical, ainda que sem conferir juridicamente àquele que a detém um poder de comando, invista-o, aos olhos de seus colegas de trabalho, de uma autoridade de fato e de uma ascendência das quais ele se utiliza para dar ordens e instruções, de tal sorte que é por sua própria iniciativa que eles ocupam o local.[4]

Aparentemente, a questão está resolvida, e com pouco custo. No entanto, isso seria precipitar as coisas.

Acionado em apelação, o Tribunal de Pau não entendeu nada: a derrota será exemplar. Eis a autópsia.

1) Primeira sequência: do direito ao fato

O tribunal vai, logo de início, circunscrever o terreno. Estabelece um primeiro princípio indubitável, que guia toda a matéria: "A regra do contraditório opõe-se a que uma condenação seja pronunciada contra uma pessoa que não foi regularmente citada perante o juiz e posta em condições de apresentar seus meios de defesa".

Essa regra é incontornável: os direitos da defesa são um dos fundamentos mais certos do direito, já que realizam a liberdade e a igualdade dos homens perante a Justiça. Diz-se até que é um direito natural. "A defesa é um direito natural", diz a Corte de Cassação, "ninguém deve ser condenado sem ter sido processado e notificado para se defender."[5]

Não há dúvidas quanto a isso, a concordância é geral. Resta fazer com que esse princípio seja respeitado.

A priori, podemos nos perguntar por que os dirigentes sindicais não seriam os representantes dos grevistas. O patronato teria tudo a ganhar com isso. Vejamos: os dirigentes apareceriam como os instigadores, os "líderes"; por seu intermédio, os sindicatos poderiam ser processados, declarados altamente responsáveis por qualquer ação "nociva". Eles teriam de se defender contra a suspeita sempre viva de subversão, abuso ou, pior ainda, politização. Em suma, o patronato neutralizaria a seção sindical da empresa. Essa grande conquista operária, essa aquisição essencial de Maio de 1968 se tornaria o instrumento "de uma medida de retaliação coletiva"[6]. A burguesia teria voltado contra a classe operária sua própria vitória.

No entanto, o tribunal não escolheu essa via real.

---

[4] Tribunal de Grande Instância de Tarbes, 1º dez. 1969. Citado pelo substituto-geral Descomp, Tribunal de Apelação de Pau, 30 jun. 1970, *Recueil Dalloz*, 1970, p. 750.
[5] Corte de Cassação, Câmara Civil, 7 maio 1828, *Recueil Sirey*, 1828, I, 329.
[6] Yves Saint-Jours, "L'occupation des lieux de travail accessoirement à la grève", *Recueil Dalloz*, 1974, cron. XXVI.

O Artigo 3º da Lei de 27 de dezembro de 1968, relativo ao exercício do direito sindical nas empresas, prevendo que cada sindicato representativo poderia constituir uma seção sindical na empresa, com a atribuição de representá-lo junto ao chefe da empresa, não investe os dirigentes sindicais de nenhuma autoridade legal sobre os assalariados.

Por que tal "liberalismo", se é que se trata realmente de liberalismo? Convido o leitor a olhar a questão mais de perto.

Em primeiro lugar, temos a lei, *a letra da lei*.

O Artigo 3º da Lei de 27 de dezembro de 1968 dispõe que: "Cada sindicato representativo pode constituir, no interior da empresa, uma seção sindical que assegure a representação dos interesses profissionais de seus membros, conforme as disposições do Artigo 1 do Livro III do Código do Trabalho". Conhecemos bem essa referência: esse artigo visa a função dos sindicatos que têm "exclusivamente por objeto o estudo e a defesa dos interesses econômicos, industriais, comerciais e agrícolas".

O Artigo 8º da Lei de 1968 decreta, por sua vez, que "cada sindicato representativo que tenha constituído uma seção sindical na empresa designa [...] um ou vários dirigentes sindicais para representá-lo junto ao chefe da empresa".

Diante desses textos, qualquer jurista minimamente atento deduz imediatamente duas consequências.

Primeiro: se a função dos dirigentes consiste em defender os interesses profissionais dos assalariados, podemos afirmar, com plena lógica, que suas funções cessam exatamente onde cessam os interesses profissionais. Em outras palavras, suas funções encontram seus limites em seu mandato legal.

Ora, haveria certo paradoxo em sustentar, de um lado, que os dirigentes representam legalmente grevistas que ocupam seu local de trabalho e, de outro, julgar essa mesma ocupação ilegal. Em outros termos, não se poderia pleitear, sem contradição, a representação legal de um comportamento ilegal.

É claro que se poderia dizer que os dirigentes "abusam" de suas funções. Mas nem por isso a contradição seria superada. Como investir, sem a pior das más-fés, um dirigente sindical de uma autoridade legal de representação e, em seguida, concluir que esse poder é abusivo! Ou ainda: como um poder pode ser ao mesmo tempo legal e abusivo?

Como se vê, é preciso prudência. Apesar de tudo, não é questão de liberar o caminho para uma legalização do princípio das ocupações das fábricas!

Segundo: a lei é clara: a seção sindical da empresa é uma derivação dos sindicatos representativos, e desses sindicatos apenas. Mais exatamente, ela é um destacamento avançado dos sindicatos nas empresas. Tanto que as grandes centrais, para manter o comando sobre suas tropas, sempre negaram que as seções sindicais pudessem ter uma autonomia de ação. E houve debates muito curiosos. As grandes centrais negaram "personalidade jurídica" às seções, isto é, poder autônomo: a CFDT apelou de um julgamento que reconhecera precisamente essa personalidade a uma seção sindical[7]; consequentemente, negou-lhe qualquer "capacidade, enquanto sujeito de direito, de negociar e concluir acordos no nível do estabelecimento e da empresa[8], isto é, manifestou seu medo de um sindicalismo de empresa, em que a organização profissional apareceria como "uma federação de seções de empresa"[9]. "Essa concepção", dizia ela, "não pode ser a de um sindicalismo que persegue objetivos ideológicos de transformação da sociedade para a realização dos quais a união e a coesão se impõem [...] não é preciso chegar a uma dispersão."[10]

É curioso para um sindicato que prega a autogestão!

A CGT associou-se "à base": "É natural que, no interesse do movimento operário, as centrais sindicais mantenham certa hierarquia e certa disciplina sobre seus membros. É preciso evitar que os sindicatos se pulverizem em seções sindicais quase independentes"[11].

Em suma, contra todas as expectativas, as centrais defenderam sua estrutura hierárquica, sua disciplina, à maneira de um aparelho de Estado. A tese é simples: a seção sindical é um desmembramento do aparelho sindical na empresa.

Não devemos ser mais realistas que o rei: as seções sindicais representam apenas os sindicatos; e, se se admitisse que a seção representa todos os grevistas, então todos os grevistas franceses seriam sindicalizados! Imagine o leitor o pânico! Como? E a liberdade individual, e o direito à dissidência? Etc. Voltaremos a isso.

É claro que, teoricamente, é possível fazer uma triagem: de um lado, os dirigentes representariam os grevistas sindicalizados; de outro, os grevistas não sindicalizados representariam apenas a si mesmos. Obviamente, a emenda sairia pior que o soneto!

Finalmente, e em todo caso, duas hipóteses não seriam evitadas: a hipótese de que não existe seção sindical na empresa e a hipótese de que os dirigentes seriam atropelados por uma greve selvagem[12].

Todas essas razões já bastariam para justificar a solução do tribunal. No entanto, gostaria de avançar um pouco mais com o leitor, rumo ao cerne das verdadeiras questões.

---

[7] Tribunal de Grande Instância de Paris, 6 dez. 1969, *La Semaine Juridique (JCP)*, 1971, II, 16.643, e, em recurso, 4 dez. 1971, *La Semaine Juridique (JCP)*, 1972, II, 17.071.
[8] Alain Coeuret, "La nature juridique de la section syndicale d'entreprise", *Droit Social*, 1973, p. 27.
[9] Ibidem.
[10] Nauté, *Syndicalisme*, 18 mar. 1971, n. 1.334, p. 17.
[11] Boitel, "Les droits syndicaux dans l'entreprise", *Le Droit Ouvrier*, 1970, p. 143.
[12] A "greve selvagem" ("grève sauvage") é aquela decidida pelos trabalhadores sem nenhuma orientação dos sindicatos. (N. T.)

"Esqueçamos" a lei e vejamos as coisas em termos de relações de classe. O que quer a burguesia? Reinar *na* classe trabalhadora. Para tanto, ela pode subverter a organização sindical, fazê-la participar de seu equilíbrio de poderes, e ela não se priva disso. Mas ela também pode, ao mesmo tempo, dividir a classe operária, quebrar sua homogeneidade, suas lutas. Em seu projeto global de integração, ela sempre guarda para si os meios de ação *interna*. É por isso que ela oscila entre dois polos: de um lado, o canto de sereia da colaboração de classes – pela integração financeira, por exemplo[13] – de outro lado, a luta no interior dos sindicatos.

Ora, uma representação sindical de todos os grevistas derrotaria essa tática. De fato, como se poderia, nesse caso, defender os operários contra a "ditadura" sindical? Como se poderia defender a "liberdade individual de trabalho", portanto o direito de todo homem de vender seu "trabalho", se o direito do "grupo" prevalecesse?

A liberdade individual do trabalho e o direito de propriedade, dirá um tribunal, "não são menos imperativos que o direito à greve, e cada um dos três tem por limite os outros dois"[14].

Assim, com a consciência em paz, a burguesia levanta a bandeira dos princípios fundamentais.

> É preciso levar em conta a liberdade sindical que concede a cada trabalhador a possibilidade de não pertencer a nenhum sindicato ou retirar-se de um, e que suscitou uma pluralidade de sindicatos [...] Qualquer que seja, aliás, o papel desempenhado de fato pelos sindicatos na deflagração das greves, ele não se exprime no estatuto jurídico da greve, que permanece assunto dos operários, e não dos sindicatos [...] O direito à dissidência [...] constitui um traço fundamental da greve. Os constrangimentos que o pertencimento a um grupo impõe, mesmo que este seja fortemente organizado, esbarram em alguns direitos essenciais dos indivíduos.[15]

Sim, a greve é "assunto" dos trabalhadores, com a condição de fazê-los destroçar-se entre si. Sim, é possível sonhar com um sindicato fortemente organizado, com a condição de, se for o caso, fomentar sua divisão!

E veja o leitor como as coisas são estranhas. O valor da democracia política e social é incessantemente proclamado, a disciplina democrática e a regra da maioria são enaltecidas diante dos operários, mas o cenário muda de repente quando se trata de "democracia operária". A "cena original" da ditadura ressurge sorrateiramente: a maioria do pessoal é impedida de retomar o trabalho "por uma minoria

---

[13] Decreto de 7 janeiro de 1959, Lei de 12 de julho de 1965, Decretos de 17 de agosto de 1967.
[14] Tribunal de Grande Instância de Thionville, 19 maio 1969, *Union des Industries Métallurgiques et Minières (Jurisp.)*, n. 284.
[15] Pierre Hébraud, *Droit Social*, 1950, p. 323.

'musculosa', que monta guarda nas portas da empresa"[16]. O espectro de uma ditadura do proletariado, antidemocrática, permite a violação das regras mais elementares da democracia. Sem pudor. Diz o Tribunal de Lyon:

> Se a greve é uma ação concertada da parte de vários empregados, a liberdade de trabalho é um direito individual que, na ausência de regulamentação, cada empregado possui pessoalmente, e que deve ser protegida em respeito a cada um deles, sem que a maioria dos grevistas possa, no estado atual de nossa legislação, forçar a minoria dos não grevistas a cessar o trabalho.[17]

Não há "democracia trabalhista" para o patronato: há, de um lado, a liberdade de trabalho e, de outro, a luta de classes. E, no fim das contas, a liberdade de trabalho é a expressão do direito de propriedade *no* próprio "trabalho".

Essa liberdade deve ser respeitada, diz o presidente do CNPF em seu "depoimento" perante a Assembleia Nacional.

> Não é aceitável que, num país civilizado, grupos se arroguem, pela violência física, pela intimidação, por pressões morais, o direito de suprimir essa liberdade essencial, de ameaçar a segurança de pessoas e bens. No entanto, é o que ocorre hoje na França [...] Nós nos opomos e continuaremos a nos opor a tais práticas, que carregam dentro de si o gérmen da intolerância e da ditadura. Temos consciência, nisso, de defender a liberdade de cada francesa e de cada francês.

E, em nome dessa "liberdade", um tribunal pode considerar que uma decisão tomada por maioria de 73% não vincula todo o pessoal[18].

Eis um "jogo" absolutamente eficaz, que a burguesia se proibiria na hipótese de uma representação sindical de todos os grevistas.

Mas, sobretudo, se essa representação fosse admitida, veríamos renascer o espectro, sempre ameaçador na França, do *contrapoder*. A rigor, uma representação sindical de todos os assalariados seria imediatamente admitida se... a luta de classes fosse abolida – como na URSS, por exemplo; ela seria admitida se a classe operária, no seu conjunto, colaborasse virtuosamente com o capital. Ainda estamos longe disso.

É lamentável constatar que os sindicalistas franceses se baseiam ainda na aceitação da luta de classes. Em vez de buscar eficiência, tendem a atingir um ideal político no próprio centro de sua ação. Assim, permanecem prisioneiros de um partido, o que lhes

---

[16] Nota Groutel, *La Semaine Juridique (JCP)*, 1975, II, 18.053.
[17] Tribunal de Grande Instância de Lyon, 22 jun. 1971, *Union des Industries Métallurgiques et Minières (Jurisp.)*, n. 309.
[18] Tribunal de Apelação de Pau, 30 jun. 1970, cit.

tira muito de flexibilidade e os faz perder aderentes preocupados, acima de tudo, em defender seus interesses profissionais.[19]

Consequentemente, nesse caso, é preciso considerar que a comunidade pacífica de trabalho é um lindo sonho, e qualquer representação se torna impossível.

Imagine o leitor, por um único instante, a *força* de que seriam investidos dirigentes sindicais falando, legalmente, em nome de todos os trabalhadores em luta! Imagine o que poderia ser semelhante "estado de direito"! Algo do qual o caso Lip nos dá talvez a imagem; algo que, de qualquer modo, já não teria nada a ver com o "direito" de greve. Que horror! Quando se sabe que o patronato chora pelo sequestro, esquecendo-se de que ele próprio "sequestra" diariamente a classe trabalhadora! "O objetivo buscado é político [...] Trata-se, sobretudo, de humilhar e ridicularizar a hierarquia a fim de minar sua autoridade."[20]

Imagine isso quando o CNPF rebaixa a luta de classes ao nível dos "delitos de direito comum concernentes ao tribunal correcional"[21]. Quando ele se insurge contra ações que ele mesmo comete: "operações políticas", ele diz, "violências cometidas por ocasião de conflitos coletivos", "conduzidas de fora das empresas, segundo uma estratégia revolucionária que visa instalar um contrapoder na empresa, e apoiados por uma campanha de intoxicação da opinião pública, notadamente pelos meios de comunicação de massa, que tentam dar crédito à ideia de que tais ações, perfeitamente ilícitas, são simples modalidades do direito de greve"[22]. E ainda:

> Frutos da tática de escalada, esses delitos são ato de grupos minoritários que põem em ação uma técnica comprovada: a interferência de elementos revolucionários especializados, de fora do pessoal da empresa, cujo objetivo a longo prazo é conseguir destruir a sociedade liberal por dentro. Daí as campanhas de calúnias iniciadas pelo PC e pela CGT contra as empresas, para encobrir sua ação, que se coloca deliberadamente além da legalidade, e tentar institucionalizar a violência nas relações de trabalho [...].[23]

O leitor consegue ver melhor a realidade concreta? E, quando se sabe, enfim, que os tribunais punem qualquer desvio de disciplina dos dirigentes sindicais, quando se sabe que eles aspiram ser os melhores garantes da ordem, guardiães da paz social de certa forma, não se imagina que eles possam ser os representantes

---

[19] Michel Trochu, "L'entreprise: antagonisme ou collaboration du capital et du travail", *Revue Trimestrielle de Droit Commercial*, 1969, p. 713.
[20] Paul Roux, "L'occupation des lieux du travail et la séquestration de personnes", *Droit Social*, 1975, p. 365.
[21] "Depoimento do sr. François Ceyrac, presidente do CNPF, perante a Comissão de Liberdades da Assembleia Nacional, 7 de julho de 1976". [Ver, neste volume, Anexos: Notas e Documentos do CNPF. (N. E.)]
[22] Idem.
[23] Idem.

de uma classe operária *em luta*! O exercício do direito sindical, diz o Conselho de Estado, "deve, para os funcionários e agentes públicos, conciliar-se com o respeito pela disciplina"[24]. E a "jurisprudência pode considerar o exercício de responsabilidades sindicais uma circunstância agravante"[25].

Nas empresas privadas, um representante de pessoal pode ser punido por ter "violado as regras da disciplina que ele deveria, por suas funções e por seu dever, respeitar e fazer respeitar"[26]. E o Corte de Cassação confirma a dispensa de um representante de pessoal com o pretexto de que ele tendia a substituir a autoridade do "supervisor" pela sua própria[27].

A lei é sábia, e os tribunais também. É preciso impedir que se instaure na empresa uma contradisciplina, um duplo poder. A menos que um dia se realize aquela temível nostalgia de um tribunal de apelação, que sonha em ressuscitar o delito de coalizão. Diz o Tribunal de Amiens, com lágrimas nos olhos:

> O poder legislativo não julgou oportuno, por razões de seu próprio juízo, envolver-se em matéria civil numa via paralela àquela que instaurou em matéria penal pela Lei de 8 de junho de 1970[28], vulgarmente denominada Lei Antivândalos, e tendeu a instaurar uma responsabilidade coletiva.[29]

Voltemos a nosso julgado e prossigamos com a análise. Recusando-se a reconhecer aos dirigentes sindicais uma autoridade legal sobre os grevistas, o tribunal se contentou com a autoridade de fato. "No entanto, é forçoso reconhecer", disse ele, "que a função de dirigente sindical, sem conferir à pessoa que o exerce um poder jurídico de comando, investe-o, aos olhos de seus colegas de trabalho, de uma autoridade de fato e de uma ascendência da qual ele se utiliza para dar instruções."

Admitamos provisoriamente e vejamos o que é concretamente essa autoridade de fato.

2) Segunda sequência: o que fazer com o fato?

De suas premissas, o tribunal tira duas conclusões principais: primeiro, um dirigente sindical pode ser pessoalmente citado perante o juiz; segundo, "a liminar

---

[24] Conselho de Estado, 18 jan. 1963, *Recueil Dalloz*, 1963, p. 234.
[25] Idem, 6 dez. 1957, *Recueil Lebon*, p. 657.
[26] Tribunal Civil de Grenoble, 3 jul. 1957, *Union des Industries Métallurgiques et Minières (Jurisp.)*, n. 127, p. 131.
[27] Corte de Cassação, Câmara Civil, Seção Social, 15 abr. 1970, *Union des Industries Métallurgiques et Minières (Jurisp.)*, n. 295, p. 180.
[28] "Loi du 8 juin 1970 tendant à réprimer certaines formes nouvelles de délinquance" (editada para a repressão de certas formas novas de delinquência). (N. T.)
[29] Corte de Amiens, 29 jan. 1975, *Le Droit Ouvrier*, 1975, p. 211.

não pode ter efeito jurídico em relação aos assalariados que não foram pessoalmente citados".

Resta a autoridade do "fato", e eis o tratamento ao qual ela é submetida. Preste bem atenção a esses motivos, eles são do mais alto interesse.

> Considerando que se afigura ao tribunal que a condenação proferida pessoalmente contra um dirigente sindical que ocupa as instalações e é regularmente citado pode ser estendida pelo juiz aos assalariados que ocupam a fábrica "por iniciativa" do dirigente condenado, desde que se entenda por "ocupando por iniciativa do dirigente sindical" os assalariados que, sem manifestar a menor vontade pessoal de ocupar as instalações, não façam mais do que obedecer passivamente às ordens e instruções do próprio dirigente [...]; que parece lógico nesse caso, e já que o dirigente sindical usou de sua autoridade de fato para fazer cometer um ato ilícito, condená-lo a retirar as ordens dadas [...]; considerando que, sem dúvida, a extensão considerada é suscetível de levar a dificuldades de execução; que o oficial de justiça encarregado de executar a medida de expulsão com o concurso da força pública só poderá usar de coerção contra assalariados a respeito dos quais ele tem certeza – não se sabe como – que ocupam as instalações apenas "por iniciativa do dirigente condenado" [...].

Essa motivação é extraordinária. Uma vez que o dirigente exerce apenas uma autoridade de fato, é lógico que somente aqueles que a aceitam expressamente estão sujeitos a essa autoridade. Em outras palavras, o dirigente só representa aqueles que lhe obedecem. Quanto aos outros, ora essa, eles só representam eles mesmos. Esta é a falha: vá saber quem obedece e quem não obedece! Vá contar com a boa vontade de um grevista que "confesse" sua obediência! As regras procedimentais são implacáveis, e os juristas – alguns deles – indignaram-se.

> Um dos traços mais profundos de nosso sistema jurídico reside precisamente no fim de todos os filtros ou gargalos [...]; o livre acesso aos tribunais não pode, *a fortiori*, ser entravado por manobras. Toda situação de direito postula, por si mesma, a possibilidade de sua expressão jurisdicional.[30]

Não se preocupe o leitor, a solução será dada por uma "manobra". Mas devemos nos demorar um pouco mais nos argumentos de nosso julgado, porque neles acontecem coisas verdadeiramente espantosas. Examinemos isso da perspectiva do sindicato e da do grevista.

a) *O que é um dirigente sindical?*

Obviamente, é alguém que exerce um poder de comando, alguém que dá ordens e instruções. Em poucas palavras, é um "chefe". E por que ele é um chefe?

---

[30] Pierre Hébraud, *Revue Trimestrielle de Droit Civil*, 1971, p. 197.

Porque é o porta-voz do sindicato, isto é, de um poder central que sabe o que é preciso fazer. E, a esse respeito, remeto o leitor à discussão sobre a autonomia das seções sindicais na empresa.

O tribunal exprime, por conseguinte, o inconsciente da burguesia. Inconsciente talvez não seja bem a palavra: digamos que ele exprime um lado da realidade – o poder do aparato sindical – escamoteando o outro lado – a "liberdade" das massas.

E o lado que é expresso é empolgante: o sindicato é apresentado como um aparelho de combate moderno de uma classe operária moderna.

> É a ele que se deve a eclosão de novas formas de greve, mais sutis, mais refinadas e, sobretudo, mais complexas, supondo uma organização prévia e um planejamento que, não raro, é minuciosamente elaborado, tanto que se pode falar de greve "aperta-botão", (greves rotativas, operações tartaruga, paralisações repetidas, operações-padrão etc.)[31]. Além disso, pela intermediação dos sindicatos, o mundo assalariado juntou-se às correntes da civilização moderna e moldou suas greves a partir delas (daí a greve parcelada, simétrica ao "trabalho parcelado"), a primazia da economia (daí a crescente importância de greves com objetivos econômicos e até mesmo, às vezes, gerenciais), a crescente influência da publicidade (a greve se torna, antes de tudo, um fenômeno de opinião). Até o crescimento dos técnicos e dos gerentes repercute nas greves, por intermediação dos sindicatos. A participação de técnicos e gerentes nas greves vem aumentando, à semelhança de sua entrada no mundo sindical.[32]

O tribunal chega assim a uma "racionalização" da ação sindical, a um "economicismo" sindical, que imitaria a "tecnoestrutura" das grandes empresas. A classe operária é apresentada como um "pessoal" cujos interesses profissionais devem ser geridos da melhor maneira possível, é apresentada como um "patrimônio" de natureza um tanto particular, regulado pelas leis da concorrência, da "maximização", segundo os métodos mais experimentados da gestão capitalista. Os trabalhadores e

---

[31] No original, "presse-bouton". Visto que inexiste, no sistema brasileiro, uma modalidade de greve com denominação semelhante, optou-se pela tradução literal. A expressão "aperta-botão" remete à operacionalidade funcional da empresa e das atividades nela exercidas pelo trabalhador. As greves *presse-bouton* abrangeriam diversos tipos de greve surgidos no século XX. Na chamada greve "tournante" ("rotativa"), proibida na função pública, os trabalhadores – ou parte deles – revezam-se, de tal modo que nunca estão todos presentes na empresa (o que afeta diferentes serviços sucessivamente) e as perdas de salário são limitadas. Na greve "perlée" ("operação tartaruga"), os empregados continuam trabalhando, mas o ritmo da atividade é voluntariamente desacelerado. Nas "débrayages" ("paralisações repetidas"), os empregados deixam o local de trabalho para fazer greve. E, por fim, nas greves "de zèle" ("operação-padrão"), a execução do trabalho respeita escrupulosamente todos os regulamentos, com o fim de desacelerar a produtividade. (N. T.)

[32] Hélène Sinay, *La grève*, cit., v. 6.

os empregados "são conjuntos de agora em diante, dotados de centros de decisão e dispondo dos meios para pôr decisões em prática"[33].

Em última análise, o tribunal raciocina segundo o modelo das grandes empresas: há uma preconização das fusões – "frente única" –, aumento de capital, aumento das contribuições, permitindo ao sindicato, "de um lado, obter o concurso de técnicos qualificados que saberão preparar os dossiês para as negociações. Greves longas substituirão, de outro lado, manifestações espetaculares, que fazem o adversário sorrir e aborrecem a opinião pública"[34]. Em suma, o tribunal pensa em termos de "unidade de decisão" e de "controle patrimonial", definido "como um domínio organizado pelos meios de direito que transferem aos detentores do controle prerrogativas, sobre os bens do patrimônio controlado, que são, por natureza, poderes de proprietário"[35].

É por isso que o dirigente sindical, "agente executor dos sindicatos", exerce um comando. De fato, diferentemente da generalidade dos grevistas,

> cuja atitude, nesse caso, é frequentemente guiada, ao menos tanto, senão mais, por um honrado espírito de solidariedade quanto por uma apreciação metódica das vantagens e dos inconvenientes de cada iniciativa, o dirigente sindical tem plena consciência do objetivo que se deve atingir e dos meios para consegui-lo. Ele detém sobre todos esses pontos informações que os outros grevistas não possuem no mesmo grau. Não parece ilegítimo, portanto, que os riscos e as responsabilidades sejam proporcionais ao conhecimento que os interessados presumidamente tenham sobre o caminho que se deve seguir para agir de maneira eficaz, do ponto de vista deles, sem, no entanto, afastar-se da legalidade.[36]

A burguesia confessa aqui seus "desígnios", que são secretos apenas para os cegos, os ingênuos e os burocratas: criar um "poder" sindical que funcione com base no modelo de seu próprio futuro. O sindicato é um aparelho ideológico do Estado, que tem tanto do aparelho de Estado quanto do aparelho ideológico. Um aparelho, portanto, que "gere" a classe operária: planejamento, eficiência, ordem e subordinação, são as palavras-chave da tecnoestrutura.

E quando sabemos, por outro lado, que o partido da classe operária – o PCF – é um "partido de governo", participa do sistema partidário, é estruturado internamente segundo o modelo de um aparelho ideológico de Estado – basta pensarmos na grande fábula do "centralismo democrático", que nada mais é do que o disfarce

---

[33] Ibidem.
[34] Michel Trochu, "L'entreprise: antagonisme ou collaboration du capital et du travail", cit.
[35] Claude Champaud, "Les méthodes de groupement des sociétés", *Revue Trimestrielle de Droit Commercial*, 1967, p. 1.007.
[36] Roger Latournerie, *Le droit français de la grève*, cit., p. 549-50.

do princípio hierárquico, ou na grande fábula da "relação com as massas", as massas reduzindo-se, no fim das contas, ao corpo eleitoral –, quando sabemos disso, dizemos com nossos botões que a França de 1978 decaiu muito.

Deixemos isso de lado. Teremos ocasião de retornar a isso um dia.

No presente, o que sabemos é o que é e o que deve ser um dirigente sindical. Examinemos o que é e o que deve ser um grevista.

b) O que é um grevista?

"A autonomia dos funcionários tem nome, ela se chama anarquia."[37] O grevista sindicalizado também tem nome: é uma coisa; e o grevista "independente" chama-se "selvagem".

Vou contar ao leitor uma história muito curiosa, e muito antiga, que remonta às próprias fontes do direito. Era uma vez um grande povo, os romanos, que "inventou" uma máquina fabulosa: o direito. Devo dizer que isso aconteceu na mesma época em que nossos ancestrais, os gauleses, que tinham olhos azuis e cabelos loiros, ainda temiam que o céu lhes caísse sobre a cabeça.

Ora, os romanos se faziam muitas perguntas, de maneira muito ingênua e muito bucólica. Naqueles tempos felizes, ainda existiam coisas sem dono, *res nullius sine domino*. E os romanos se perguntaram em que condições alguém poderia se tornar proprietário de uma coisa sem dono.

Eles partiram do mais simples: a "natureza". "*Omnia animalia, quae terra, mari, caelo capiuntur, id est ferae bestiae et volucres et pisces, capitientium fiunt*"[38], o que quer dizer: "Todos os animais que são pegos na terra, no mar ou no céu, isto é, animais selvagens, pássaros e peixes, pertencem a quem os apanha".

Os romanos são juristas, e a selvageria – o oposto do direito – os assombra. Como consequência, eles nos deram uma definição muito interessante de liberdade: é livre o que é selvagem, isto é, o que é sem dono. Essa definição comporta seu corolário: o que não tem dono pode ser apropriado. Mas, sempre coerentes, os jurisconsultos também deduziam daí que, se por acaso o animal "selvagem" escapasse ao direito, ele recuperaria sua antiga liberdade (*pristinam libertatem*).

Prosseguindo o raciocínio, os romanos estenderam a teoria a outra hipótese: a do prisioneiro de guerra, o "bárbaro". Como o animal, o "bárbaro" estava submetido a outro "direito", um direito não romano, isto é, a um nada; era, portanto, um "selvagem". Pois bem, ele não apenas poderia ser apropriado – como um peixe –, como bastava que fugisse para recuperar a "liberdade".

---

[37] Spuller, Circular, 20 set. 1884. [A circular ("circulaire") é um ato da administração cujo fim é transmitir uma informação aos serviços públicos. (N. T.)]
[38] *Digesta*, 41, 1, 121.

Depois disso, as coisas desandaram, porque essa teoria da ocupação foi aplicada à própria terra, e remeto o leitor ao imperialismo contemporâneo.

Há, nessa "fábula", coisas realmente marcantes. Em primeiro lugar, o que não está sujeito ao direito, ou seja, o que não é objeto de propriedade, é considerado de natureza livre, logo selvagem. É do âmbito do universo da violência e da luta pela vida. Há uma liberdade de direito – a da propriedade – e uma liberdade da "natureza" – a da selvageria; a selvageria é selvagem somente na medida em que escapa à propriedade.

Em segundo lugar, a passagem da "natureza" para o direito, ou, se preferirmos, da selvageria para a propriedade, efetua-se pela domesticação ou, mais rigorosamente, pela *subordinação jurídica*. De um lado, o dono; de outro, o lobo, o bárbaro ou o campo abandonado.

No fim das contas, se o leitor sair da subordinação jurídica (e recordo que esse é o *critério do contrato de trabalho*), isto é, da submissão à ordem do direito, portanto também da submissão à propriedade, ele será um selvagem, um fora da lei.

Ora, acabo de descrever, sem que o leitor tenha talvez suspeitado, o estatuto do grevista. O grevista é uma *res sine domino*; é de natureza selvagem, vive num mundo perigoso. É um pato, uma abelha ou outra coisa qualquer. E só se torna civilizado quando encontra seu "dono": o dirigente sindical. Nesse momento, ele não tem mais uma "vontade pessoal" e "obedece passivamente". É uma máquina. No trabalho, essa máquina obedece ao chefe de empresa; na greve, ao dirigente: ele apenas muda de mestre.

Mas, cuidado, a máquina pode adquirir vida, e, daí, das duas uma: ou o trabalhador escapa, torna-se novamente uma besta-fera, e o que temos é greve selvagem, anarquia, escândalo; ou quer trabalhar, ser um homem verdadeiramente livre, exercendo sua "liberdade individual de trabalho", e encontra todos de braços abertos, a polícia lhe faz um cortejo de honra etc.

Qual é o estatuto do grevista, então? Ou bem uma máquina submetida à autoridade sindical, ou bem um bárbaro. Brutalmente: máquina, anarquista ou "amarelo*".

Esse é o modo como os tribunais compreendem a relação do sindicato com sua base: do mesmo modo que a relação do chefe de empresa com seu pessoal, ou do Estado com seus funcionários. Compreendemos agora por que o presidente do CNPF falou de um triplo poder!

Para encerrar, não resisto ao desejo de fazer duas citações.

Benoît Frachon, presidente da CGT, explica-se diante dos militantes sindicais das fábricas Michelin em Clermont-Ferrand, em 10 de fevereiro de 1970:

---

* Ver, na Primeira Parte deste volume, nota 28. (N. E.)

> O que é que a imprensa burguesa chama de greves selvagens? As greves cujo caráter se adapta às novas condições da exploração reforçada dos monopólios.
>
> A concentração industrial, o fortalecimento dos monopólios e de sua dominação não têm efeitos apenas sobre a mudança do sistema de exploração capitalista; eles também produzem mudanças na oposição das classes e, consequentemente, levam a classe operária a modificar suas táticas e estratégias na luta que ela deve travar.
>
> Os condicionalistas que se apegam aos velhos métodos e se recusam a se adaptar às novas condições da luta de classes podem frear momentaneamente o processo, mas são impotentes para detê-lo.
>
> Podemos dizer que essas famosas greves selvagens são uma espécie de vanguarda que abre novos horizontes, assim como novas esperanças.[39]

E os excertos de um apelo assinado por certo número de militantes da CFDT:

> Militantes sindicalistas, militantes de organizações que atuam no campo do consumo, da cultura, no âmbito de vida, da vida local, a maioria de nós não é atualmente filiada a um partido político, já que nos parece que nenhuma formação reúne, de uma só vez, o conjunto de condições e os meios necessários para transformações fundamentais [...] Mudar o modelo de desenvolvimento, reduzir as desigualdades, modificar as estruturas sociais hierárquicas, permitir que os trabalhadores e os cidadãos exerçam um poder de controle sobre suas condições de vida e de trabalho são as condições de uma mudança verdadeira; esse é, para nós, o sentido fundamental do socialismo autogestionário [...].[40]

Pois bem. Chegou-se, no presente caso, a um completo fracasso. Um fracasso, aliás, que o procurador da República julga nestes termos:

> O que aconteceria se, no momento da execução de uma decisão como esta que lhes é submetida, os ocupantes não designados nessa decisão declarassem que agiram por iniciativa própria? Teoricamente, estimamos que a execução não poderia prosseguir sem um novo recurso à justiça. Na prática, essa é uma outra "história" [...].

De longe, vemos brilhar os capacetes dessa outra história!

Então, num último esforço, o tribunal vai dar um salto adiante, vai moralizar, e esse é o assunto da terceira sequência.

---

[39] Citado em Serge Mallet, *Le pouvoir ouvrier* (Paris, Denoël-Gonthier, 1971, col. Méditations), p. 151-2.

[40] Apelo lançado após as eleições presidenciais de 1974. Citado em Jean-Daniel Reynaud, *Les syndicats en France* (Paris, Seuil, 1975), t. II, p. 333.

3) Terceira sequência: a moral

Em desespero de causa, o tribunal vai dar sua "opinião". Dirá: "Veja, tudo isso é muito complicado, tudo isso nos coloca numa situação impossível, escute a voz do bom senso. Se o direito falha concretamente, ele deve ao menos ser eficaz na sua 'cabeça'".

> O espírito da Lei de 27 de dezembro de 1968 e, de modo geral, de toda a legislação moderna, é dar cada vez mais importância ao fato sindical e desenvolver o poder dos dirigentes sindicais, no interior da empresa, no interesse da proteção dos trabalhadores; nesse contexto, qualquer decisão judicial proferida em favor do dirigente sindical ou contra ele, caso só tenha aplicação jurídica entre as partes na instância, tem um valor indicativo em relação a todos os aderentes do sindicato, que podem, no mínimo, decidir com mais conhecimento de causa sobre a conduta a se adotar; que há, portanto, e no interesse da paz social, lugar para se abrir o mais amplamente possível o recurso aos procedimentos judiciários [...]; que, muito especialmente nos conflitos coletivos, e dada a urgência, parece desejável substituir, pela via da liminar, as relações de força pelas relações jurídicas [...].

O tribunal mudou de terreno: já que a lei conduz a um impasse, é necessário, no mínimo, que ela "fale" e convença. De coercitiva, a regra de direito passa a "educativa". E o tribunal moraliza: a paz social é jurídica; sindicato e patronato devem trocar as relações de força pelas relações de direito; os conflitos de poder devem transformar-se em conflitos de direitos.

Tudo isso não iria muito longe se, de alguma maneira, o tribunal não abrisse o caminho para um esboço de solução: todo o mundo deve se sentar em torno de uma mesa e "discutir". É então que surge uma segunda tentativa dos tribunais: reduzir a greve a uma discussão.

A GREVE É UMA MODALIDADE DE DISCUSSÃO

Os tribunais vão enveredar então por outro caminho. Vão tentar pegar os grevistas em nome de uma análise da greve. O raciocínio se dará em duas etapas.

O que é a greve? Uma cessação orquestrada do trabalho. Mas, como sabemos hoje, essa cessação apresenta uma característica de peso: ela não rompe os contratos de trabalho em curso, ela não faz mais que suspendê-los. Dito de outro modo, os grevistas ainda são assalariados, ainda constituem uma comunidade de trabalho. E esse seria o sentido da "nova orientação legislativa em favor da participação nos frutos da expansão das empresas, da penetração do sindicalismo na empresa, da valorização dos acordos de empresa (pela Lei de 13 de julho de 1971)[41], que acentuam a noção de empresa e, portanto, deixam espaço para os trabalhadores na empresa, independentemente de um trabalho rentável a todo instante"[42]. Assim, a ligação com a empresa sobrevive à greve.

Ora, se os grevistas continuam assalariados, eles formam uma "comunidade" semelhante à dos assalariados, e a organização de empresa continua a impor-se. Resta, então, a questão da representação. Também aí a lógica é inabalável. Em tempos normais, o corpo de funcionários é submetido à autoridade do chefe de empresa; em tempos de greve, ele é submetido à autoridade de seus próprios dirigentes.

O leitor já vê o que são os representantes de pessoal. Toda a originalidade de seu estatuto

> reside, com efeito, na combinação das regras do contrato de trabalho com funções eletivas nas quais eles escapam à relação de subordinação ao empregador para tornar-se o porta-voz da coletividade dos trabalhadores. No curso normal de seu trabalho, ele é um assalariado sujeito, como seus companheiros, à disciplina do local de trabalho e à autoridade do chefe de empresa. Nos momentos em que exerce suas atribuições, ele cumpre uma função da qual é investido por efeito de sua eleição e que faz dele não mais um subordinado, mas uma espécie de parceiro do gerente da empresa.[43]

Resulta daí que a greve, longe de suspender a missão do representante de pessoal, confere-lhe, ao contrário, um papel de discussão e concertação[44].

Ora, o que é verdadeiro para os representantes de pessoal também é, e pelas mesmas razões, para os dirigentes sindicais. Consequentemente, podemos afirmar com razoabilidade que esses dirigentes são os representantes "normais" dos trabalhadores em greve; que eles assumem, nessa crise, um papel eminente, estabelecido pelo legislador, com a condição muito clara de que eles "se restrinjam a seu papel de porta-voz e que nada em sua conduta os diferencie lamentavelmente dos outros grevistas"[45]. Em outros termos: com a condição de que eles respeitem a lei e não se metam em ações ilícitas como... as ocupações de fábrica.

Podemos ver toda a vantagem dessa análise: de um lado, a greve é vista como uma simples modalidade de discussão; de outro, os grevistas são assimilados naturalmente a uma "comunidade de trabalho", ou de empresa, e naturalmente também se encontram, a partir desse fato, "representados" pelos dirigentes.

---

[41] A Lei de 13 de julho de 1971 modificou notadamente certas disposições do Código do Trabalho. (N. T.)
[42] Hélène Sinay, Note, *Recueil Dalloz*, 1972, p. 316.
[43] J. Savatier, *La Semaine Juridique (JCP)*, 1968, I, 15.321.
[44] Corte de Cassação, Câmara Civil, Seção Social, 26 jan. 1966, *Cahiers Prud'hommaux*, 1966, 4, 78.
[45] Roger Latournerie, *Le droit français de la grève*, cit., p. 509.

Assim, à dupla face do trabalhador – assalariado ou grevista – corresponde uma dupla organização – a da empresa e a dos sindicatos, e uma subordinação alternativa.

Esse raciocínio seduziu um tribunal de apelação. Diz o Tribunal de Rennes:

> Considerando que se reconhece que a greve não rompe o contrato de trabalho, mas suspende sua execução material pela interrupção do trabalho; que daí segue que todos os organismos oficiais estabelecidos pela legislação oficial continuam a exercer suas funções de direção ou de ligação, e que isso é especialmente verdadeiro para os dirigentes sindicais [...]; que o poder de representação que lhes é conferido somente pode manifestar-se nos dois sentidos; que, qualificados para transmitir ao chefe de empresa as reivindicações de seu sindicato e de seus aderentes, eles o são igualmente para receber do chefe de empresa todas as comunicações que ele queira apresentar aos assalariados sindicalizados, ainda que uma dessas comunicações assuma a forma de uma intimação de medida liminar; que a solução oposta conduziria a esvaziar a noção de representação de uma parte de sua substância, porque só lhe permitiria funcionar como um "sindicato-chefe da empresa", o que seria absolutamente irracional; que daí segue que os assalariados representados pelos dirigentes sindicais foram, por essa via de representação, regularmente intimados [...].[46]

E um tribunal admitiu a mesma solução:

> [todos os representantes de pessoal,] a títulos diversos, estão nessa condição pela vontade dos operários e empregados da fábrica e foram designados por estes últimos para representá-los de modo válido em todas as circunstâncias; esses diversos empregados, e em particular os dirigentes do pessoal em greve, representam o conjunto desse pessoal [...].[47]

Tudo isso é muito engenhoso, mas totalmente ineficaz.

Além dos casos em que os dirigentes sindicais são formalmente apartados, é preciso refletir sobre as empresas que não têm seção sindical. É preciso lembrar, sobretudo, que a seção sindical, da qual os dirigentes são os insufladores e os porta-vozes, compreende somente os membros filiados ao sindicato e age somente em nome deste.[48]

Podemos acrescentar a isso todas as críticas já formuladas até aqui; podemos acrescentar ainda que a visão de uma comunidade de trabalho "reversível" é muito surpreendente. Pois, se todo trabalhador é um grevista em potência, o que se torna a liberdade individual de trabalho? E melhor ainda: a greve, que é apresentada como uma luta, uma guerra privada que se deve abolir tendencialmente, seria inscrita de todo modo no estatuto do trabalhador!

---

[46] Tribunal de Apelação de Rennes, 5 jun. 1972, *La Gazette du Palais*, 1973, I, 127.
[47] Tribunal de Grande Instância de Nevers, 21 mar. 1975, *Recueil Dalloz*, 1976, p. 266.
[48] Pierre Hébraud, *Revue Trimestrielle de Droit Civil*, 1973, 381.

Mas uma outra crítica merece a maior atenção, pois nela se pode ver despontar uma terceira tática.

Com efeito, o papel dos dirigentes sindicais é permitir um diálogo, uma concertação. Ora, quando se pretende que uma intimação de medida liminar tenha validade apenas para os dirigentes, na medida em que se trataria apenas de uma forma particular de comunicação, desnatura-se profundamente sua missão.

Eis uma assimilação que se reporta a uma singular concepção [...] as relações entre o chefe de empresa e seus subordinados. Quem diz comunicação, diz troca, diálogo. Pode-se considerar, sem dúvida que a seção sindical da empresa e o dirigente sindical têm por objetivo o diálogo no interior da empresa. Mas, justamente, mesmo em período de greve, intimar de uma medida liminar os grevistas que ocupam uma fábrica, visando obter sua expulsão pela força pública, constitui uma recusa de diálogo caracterizada.[49]

Dito de outro modo, não se trata, *a priori*, de conceber os dirigentes como promotores de perturbação, mas antes de confiná-los num papel de discussão, com o risco de, eventualmente, sancioná-los se eles excederem sua missão.

No longo prazo, o patronato visa uma colaboração com os sindicatos.

Seria ruim dar a impressão de que se quer utilizar os dirigentes contra os trabalhadores. O juiz tem a missão de defender os direitos de todo cidadão, e em particular o de propriedade. No entanto, ele não deveria dar a impressão, ao exercer sua função, de procurar favorecer uma classe social em detrimento de outra.[50]

Assim, uma terceira tática foi elaborada, e apresso-me em dizer que ela recebeu o assentimento de toda a doutrina "de esquerda". Essa tática consistirá em transformar os grevistas em um agrupamento "pacífico", respeitador da ordem, em transformar a greve em conciliação pura e simples, e os sindicatos em aparelho de discussão.

Veremos que, no fim das contas, essa tática suprirá o fracasso das leis sobre as negociações coletivas (leis de 11 de fevereiro de 1950, 2 de julho de 1957 e 13 de julho de 1971).

O SINDICATO É UM APARELHO DE DISCUSSÃO

A tese é simples: a expulsão dos grevistas não deve ser automática; só pode ocorrer na hipótese de as negociações fracassarem. Concretamente, o juiz deve *suspender o processo* até que as partes esgotem todas as possibilidades de discussão.

---

[49] Nota Baron, *La Gazette du Palais*, 1973, I, 127.
[50] Nota Baron, cit.

Os tribunais se engajaram resolutamente nessa via. Ainda que a ocupação dos locais de trabalho seja uma via de fato,

> é necessário levar em consideração o procedimento de luta utilizado pelos assalariados [...]; que, para além da aplicação mecânica do direito, o juiz tem a missão de facilitar a solução do conflito; que, portanto, o juiz não deve ordenar automaticamente a expulsão dos trabalhadores; que a dispersão e a expulsão dos trabalhadores em greve não são um fim em si; que os assalariados *têm direito à negociação coletiva* de suas condições de trabalho e de suas garantias sociais [...]; que a expulsão só pode ser ordenada se a direção da empresa não se recusa sistematicamente a abrir negociações sérias com os assalariados em greve.[51]

E, valendo-se desse princípio, os tribunais designam oficiais de justiça cuja missão é "a visita dos lugares, a consulta de todos os documentos, a oitiva de qualquer pessoa capaz de informá-lo [...] a fim de reunir os elementos de informação que permitam apreciar mais amplamente todas as circunstâncias do conflito..."[52]. Ou então eles observam que "o legislador previu, para tentar resolver esses conflitos de trabalho, a organização de comissões de conciliação suscetíveis de regulá-los" e suspendem o processo até que saia a decisão dessas comissões[53], constatando que "as organizações sindicais estão em discussão em nível nacional com as organizações patronais sobre as greves atuais, e que a sociedade Citröen, por conta própria, mandou distribuir adiantamentos dos salários aos operários em greve".

Ora, essa corrente jurisprudencial foi altamente aprovada e os elogios foram quase unânimes. Dizia-se que os juízes haviam finalmente compreendido a *dialética*.

> À análise de um procedimento de luta em termos jurídicos e, portanto, estáticos, porque isolados do contexto da totalidade do conflito, prefere-se uma análise dinâmica em termos de tensões. E nós só poderíamos aprovar semelhante aproximação que tenta restituir ao direito seu caráter dialético.[54]

Diabos! O direito tem caráter dialético? Qual? Bem, ele anima o que é fixo, a saber, "a antinomia" entre direito de propriedade e direitos sociais! Veremos o que devemos pensar dessa "dialética".

Os juízes, dizia-se ainda, haviam compreendido que os caminhos do progresso são íngremes. "É o lento trabalho da jurisprudência que não pode ir muito longe

---

[51] Tribunal de Grande Instância de Bayonne, 10 jun. 1975, *La Semaine Juridique (JCP)*, 1975, II, 18.146.
[52] Tribunal de Grande Instância de Bordeaux, 14 jun. 1974, *Droit Social*, 1975, p. 128.
[53] Tribunal de Grande Instância de Orléans, 17 mar. 1975, *La Semaine Juridique (JCP)*, 1975, II, 18.053; ver também Tribunal de Grande Instância de Paris, 29 maio 1968, *La Gazette du Palais*, 1968, n. 104.
[54] Jean-Claude Javillier, Note, *Recueil Dalloz*, 1974, p. 783.

de uma só vez, como o legislador, e deve contentar-se em avançar passo a passo, aceitando por vezes voltar atrás, como o alpinista, a fim de contornar os obstáculos que se opõem a sua vontade de progresso"[55]. Isso seria uma metáfora para a dialética? Veremos também.

Continuemos ainda, por citações, o estudo jurídico da "dialética". Animação da antinomia, alpinismo e, no presente, negociação de comerciantes de tapetes. Concessões recíprocas, dizia outro autor; o juiz deveria tomar medidas conservatórias "recíprocas"[56]: "A desocupação dos locais de trabalho só poderia ser pronunciada em contrapartida de uma obrigação do empregador: abertura de negociações sob pena de 'astreinte', pagamento parcial dos salários [...]"[57].

Há desconfiados nesse arranjo.

> Se a instauração de um órgão de conciliação tivesse necessariamente por efeito obrigar o juiz a adiar a decisão, seria tentador para os grevistas paralisar sistematicamente a demanda de expulsão pondo em movimento, sem verdadeira intenção de negociação, um procedimento de solução pacífica do conflito coletivo. Também, a nosso ver, o juiz deve, na medida do possível, investigar as razões da instauração de um órgão de conciliação.[58]

Enfim, há os irredutíveis, que recordam, com o apoio da jurisprudência, que: 1) a ocupação dos locais de trabalho é ilícita, pois constitui um atentado ao direito de propriedade; 2) que ela é, na maior parte do tempo, acompanhada de atentado à liberdade de trabalho; 3) que ela traz igualmente um atentado à liberdade de trabalho do empresário. Mas esse irredutível é o "diretor encarregado de missão na UIMM"[59], antigo Comité des Forges[60]! Não é preciso dizer mais nada!

Em suma, essa tática elegante, humana, simples e, ainda por cima, "dialética" conquistou todo o mundo progressista. E, aparentemente, não é adequado criticá-la.

Vejamos. A *lei*, em primeiro lugar, é respeitada: não somente o "espírito" do direito do trabalho é reforçado – os direitos "sociais" suplantaram o direito de

---

[55] Nota, *RBJGP*, 1975, II, 18.146.
[56] A medida conservatória ("mesure conservatoire") é uma medida pela qual, antes da decisão definitiva, um juiz, a requerimento do credor, resolve colocar um bem do devedor em penhora, para assegurar a eficácia das medidas de execução. (N. T.)
[57] Yves Saint-Jours, "L'occupation des lieux de travail accessoirement à la grève", cit.
[58] H. Groutel, Note, *La Semaine Juridique (JCP)*, 1975, II, 18.053.
[59] Union des Industries et des Métiers de la Métallurgie (União das Indústrias e das Profissões da Metalurgia). (N. T.)
[60] Paul Roux, "L'occupation des lieux du travail et la séquestration de personnes", cit. [O Comité des Forges era uma organização patronal da siderurgia, criada em 1894. Acreditava-se que tinha muita influência. Foi substituída em 1940 pelo Comité d'Organisation de la Sidérurgie. (N. E.)]

propriedade, o direito do trabalho derrubou o direito civil como são Miguel o dragão –, como as dificuldades procedimentais parecem resolvidas. De fato, se os dirigentes sindicais conduziram a negociação com o patronato em consonância com a base, é evidente que eles a representavam. Ou, na hipótese de fracasso, essa representação ainda deveria valer. Exceto se se disser, mas isso seria sinal de "má-fé", que o mandato de negociação é de uma natureza jurídica diferente de um mandato de representação na justiça.

Os *grevistas*, entretanto, teriam obtido um novo direito: o de ocupar os locais de trabalho. E esse direito serviria de base para o que supostamente eles mais desejam: a negociação.

Os *sindicatos* só poderiam se alegrar com isso: não somente dariam uma demonstração de força, mas ainda negociariam na melhor das posições, porque suas "tropas" ocupariam os locais de trabalho.

O *patronato*, em vez de ceder ao ódio cego e pedir medidas de expulsão, demonstraria sua boa vontade. E – vejam só – se as negociações não fossem bem-sucedidas, ainda poderia chamar a polícia.

O *Estado*, que tem em vista a "paz social", só poderia aplaudir efusivamente essa política de diálogo que ele sempre promoveu.

A *Doutrina*, enfim, teria descoberto um novo direito, que não deve ser jamais desprezado. Ela poderia mostrar sua grandeza de alma, o refinamento de suas análises e tomar partido em terreno sólido.

Assim, todo o mundo parece ganhar. Todo o mundo? Realmente. Sejamos prudentes uma vez mais, abandonemos o papel de desmancha-prazeres, utilizemos o microscópio e não nos esqueçamos jamais da luta de classes.

A tese desenvolvida pelos tribunais implica duas posições: uma sobre a natureza da ocupação dos locais de trabalho, outra sobre a natureza do sindicato. O que une essas duas posições é, uma vez mais, certa concepção da classe operária.

1) A natureza jurídica da ocupação dos locais de trabalho

O que é uma ocupação de fábrica? Tradicionalmente é uma "via de fato". O que é uma "via de fato"? Uma via de ação que é contrária ao direito ou, mais precisamente, que viola um direito, sem direito algum de fazê-lo. Quando há um conflito de direito – entre o direito de greve e o direito de propriedade, por exemplo – o juiz deve designar o direito que deve prevalecer. Quando há um conflito entre um direito e um "fato", digamos, entre um direito e a violência, a escolha impõe-se por si mesma: o juiz deve restabelecer o direito e fazer cessar os obstáculos que se opõem a seu exercício legítimo.

Ora, uma ocupação é uma via de fato. Os operários não têm nenhum direito a opor ao direito de propriedade do empregador, e muito menos ao direito individual do trabalho. Para detalhes, remeto o leitor ao início desta obra. Por conseguinte, para os juristas, a única saída é demonstrar que a ocupação faz parte de um direito já reconhecido ou, melhor ainda, que ela é uma modalidade de um direito já reconhecido.

Entenda-se bem: eles não "podem" dizer que a ocupação, em si, é um direito, porque, consequentemente, a própria ação dos grevistas constituiria um título jurídico. Uma coisa puxando a outra, seríamos obrigados a reconhecer que a luta operária possui seus próprios títulos e criaríamos, ao lado do direito de propriedade, um direito de "contrapropriedade". E isso é impensável, é claro. Portanto, eles são obrigados a dizer que a ocupação é apenas uma modalidade do direito de greve, um "acessório", um modo de exercício, ou o que quiser o leitor.

E aí toda a doutrina avança como um único homem. A ocupação "é da própria essência da greve. Portanto, se condenamos sistematicamente a ocupação da fábrica, o direito de greve corre o risco de ser sacrificado em benefício do direito de propriedade"[61]. Assim,

> ao ocupar seu local de trabalho, os trabalhadores em greve não pretendem utilizar, em desespero de causa, em face da intransigência patronal, uma prática ilegal com cuja sanção estariam dispostos a arcar, mas, ao contrário, uma modalidade lícita de seu direito de greve, constitucionalmente consagrado.[62]

Muito bem. Mas devemos ir mais longe.

Se a ocupação é uma modalidade do direito de greve, devemos recordar que a própria greve é apenas uma modalidade de discussão. "A greve", diz um tribunal recursal, "na medida em que não rompe o contrato de trabalho, mas somente suspende sua execução material por tempo indeterminado, constitui apenas uma modalidade de discussão."[63] Ora, se a greve é uma modalidade de discussão, a ocupação é necessariamente uma modalidade de discussão: o acessório segue o principal; o "fenômeno" não pode exceder a essência.

Tudo isso é muito pertinente; encerrando a ocupação no direito de greve, impomos a ela o estatuto desse direito. E isso produz consequências muito graves, porque estabelece, antecipadamente, as fronteiras das ocupações lícitas e das ocupações ilícitas. Serão lícitas as ocupações que tendam a apoiar negociações, e ilícitas todas as outras. "A ocupação que tem por finalidade constranger o chefe da empresa a aceitar o princípio de uma negociação não é forçosamente ilegítima; ela se torna ilegítima a partir do momento em que o empregador já não opõe à

---

[61] Karaquillo, "À propos des occupations d'usines", *La Gazette du Palais*, 24 out. 1974, doc., p. 887.
[62] Marianne Choisez, "La grève avec occupation des lieux du travail devant le juge des référés", cit., p. 367.
[63] Tribunal de Apelação de Rennes, 5 jun. 1972, *La Gazette du Palais*, 1973, I, p. 127.

negociação uma resistência sistemática"[64]. Assim, basta que os tribunais constatem que houve uma "abertura de negociações sérias", ainda que não tenham sido bem-sucedidas, para que a expulsão seja legitimada[65].

A manobra é evidente. Submetendo a ocupação ao estatuto do direto de greve, ela fica sujeita às mesmas restrições da greve. A ação das massas é quebrada; ela perde todo conteúdo revolucionário, e não resta dúvida de que uma ocupação "política", por exemplo, seria declarada abusiva como uma greve política.

E, mais ainda, se consideramos que o fracasso de eventuais negociações basta para legitimar a expulsão, o patronato mata dois coelhos com uma só cajadada. De um lado, ele terá demonstrado sua "boa vontade"; de outro, terá semeado a confusão entre os grevistas.

> A arma patronal da negociação coletiva utilizada como "procedimento dilatório" é muito mais perniciosa que o recurso brutal ao direito de propriedade e à liberdade individual de trabalho, uma vez que permite a divisão dos trabalhadores e a confusão quanto à realidade da responsabilidade patronal no fracasso da negociação.[66]

Eis, portanto, aonde chegamos, e veja o leitor que os juristas "de esquerda" não tinham muito o que comemorar.

No entanto, ainda não esgotamos os efeitos da análise. Resta, além disso, um ponto muito delicado: o "desaparecimento" do direito de propriedade. Não se assuste o leitor, logo ficará claro o que tenho em vista.

Encontramos, portanto, o "título" da ocupação no direito de greve. Porém, para que esse título seja válido, ainda é necessário que ele "triunfe" sobre os outros direitos, a saber, o direito de propriedade e o direito individual do trabalho. Pois não basta ter transformado o conflito em "conflito de direito"; convém ainda demonstrar que o direito à negociação coletiva é "superior" ao direito de propriedade.

A questão é delicada. Como contornar o direito de propriedade? Não é nada fácil. Mas não seja por isso, *o preço será pago*. O que se dirá é: ocupando os locais de trabalho, os grevistas não têm a intenção nem de "roubar", nem de destruir, nem de se apropriar dos bens da empresa. Muito pelo contrário: eles "respeitam" o direito de propriedade do empregador, rendem-lhe homenagem! Não se pode assimilar a ocupação a um atentado contra o direito de propriedade "na ausência de qualquer ânimo":

> isto é, de intenção dos grevistas de se apropriar ou destruir os bens momentaneamente tomados [...] O problema não é – ao menos se a ocupação, por seu caráter pacífico,

---

[64] Jean-Jacques Dupeyroux, "L'occupation des entreprises par les employés sera-t-elle demain un droit?", *Le Monde*, 19 mar. 1974.
[65] Tribunal de Grande Instância de Bayonne, 10 jun. 1975, cit.
[66] Marianne Choisez, "La grève avec occupation des lieux du travail devant le juge des référés", cit.

não põe seriamente em questão o direito de propriedade – sancionar o atentado a este último, mas encontrar uma solução para as reivindicações dos trabalhadores [...].[67]

Não se pode escolher o alvo errado: a ocupação não visa de modo algum fazer reconhecer "um direito de propriedade dos assalariados sobre os meios de produção ou preservar a estabilidade do emprego, mas permitir a mobilização dos grevistas"[68]. No fim das contas:

> a prática da ocupação dos locais de trabalho não põe em causa o direito de propriedade do empregador. Trata-se, no contexto de uma *ideologia participacionista*, da emergência de um direito novo que os grevistas exercem no prolongamento natural do direito de greve para pesar na solução do conflito coletivo.[69]

Então, o que se tornou o direito de propriedade? Uma "função social"! Algo muito antigo, que nos remete ao início do século XX, ao solidarismo jurídico de que tanto gostavam os soviéticos – e por bons motivos! Ah, estamos muito longe dos estatutos da CGT, das declarações estrondosas da CFDT. Por exemplo: "Longe de confortar a sociedade capitalista, a greve deve melhorar a situação imediata dos trabalhadores e, ao mesmo tempo, contribuir para desequilibrar o sistema, abrindo a possibilidade de um novo avanço em direção a uma sociedade socialista"[70].

Assim, o *preço* desse novo direito é caro, muito caro. Porque, se levarmos as coisas até o fim, se levarmos a sério essa "propriedade social", veremos aparecer nada mais nada menos que uma nova prática da propriedade, que lembra furiosamente a ideologia soviética.

O leitor sabe que nesse país a organização socialista do trabalho triunfa; que a propriedade social é assunto de todos; que cada trabalhador tem sua pequena parte da Grande Propriedade. Bem, no nosso caso, guardadas as devidas proporções, estamos nos aproximando rapidamente.

Vejamos as coisas de perto. O que é posto em causa, mais uma vez, são os "direitos do empregador, tais como derivam de uma concepção tradicional da propriedade muito mal adaptada à realidade contemporânea da empresa"[71]. Ora, em que consiste essa adaptação? O direito de propriedade é substituído pelo quê? *Pelo interesse de empresa*, isto é, *pela organização capitalista do trabalho*, ou ainda, *pelo interesse do capital*. Na medida em que o verdadeiro proprietário da empresa é o capital, somente sua produção e reprodução devem ser levadas em conta.

---

[67] Idem.
[68] Karaquillo, "À propos des occupations d'usines", cit.
[69] Yves Saint-Jours, "L'occupation des lieux de travail accessoirement à la grève", cit.
[70] Resolução do Escritório Nacional, 15 out. 1970.
[71] René Savatier, *Droit Social*, 1975, p. 130.

Vejamos, a partir desse ponto de vista, a fundamentação do Tribunal de Bordeaux.

Considerando que a situação que nos é submetida escapa, por sua complexidade social e econômica, à simples análise do direito civil tradicional e deve conduzir, sobretudo, a busca do interesse da empresa considerada em todos os elementos que a compõem, quer se trate daqueles que a servem a qualquer título que seja, quer se trate daqueles que esperam um lucro legítimo dela e mesmo do conjunto econômico do qual se pode cada vez menos abstraí-la; que, se a primeira medida urgente exigida pelo próprio interesse da empresa é a retomada imediata de sua produção, o que justifica sua evacuação sob pena de multa para qualquer pessoa que lhe coloque obstáculo, é justo ao mesmo tempo devolver as coisas ao estado em que se encontravam antes do início do conflito, para substituir imediatamente o confronto que só pode conduzir à ruína de uma parte e de outra, pelo encontro necessário para o estabelecimento de um regime favorável ao interesse comum.[72]

Assim, o "direito à negociação coletiva" não é nada mais do que a submissão das lutas operárias à organização do capital.

E, se pensarmos bem, estamos exatamente no coração da ideologia jurídica "moderna", no coração das fantasias dos juristas progressistas, que sonham com um capitalismo de visão humana e aderem, com as melhores intenções do mundo – mas que mundo! – ao "modelo" soviético. Estamos diante de uma verdadeira "reconstrução" de um socialismo jurídico.

Se o capital é o sujeito real, portanto se o direito de propriedade se transforma em organização pura e simples do processo do capital, todas as velhas noções jurídicas deveriam mudar de sentido.

Consideremos *o empregador*.

O conceito de "sujeito de direito", de "parte", tem de ser inteiramente proscrito. O que os assalariados têm diante deles, ou acima deles, pode ser um contramestre, um chefe de serviço, o chefe do pessoal, o diretor-geral da companhia, o representante de uma empresa que controla a empresa empregadora [...] A noção de empregador deve ser substituída pela de centro de decisão ou de poder.[73]

Se é assim, a velha ideia do *contrato* deveria desaparecer. Como? "Eliminando a ideia de subordinação, portanto de autoridade, de hierarquia, e excluindo como contrária a uma ordem jurídica democrática qualquer ideia de 'poder disciplinar', refletindo o direito de um cidadão de infligir uma sanção a outro cidadão."[74]

---

[72] Tribunal de Grande Instância de Bordeaux, 14 jun. 1974, *Droit Social*, 1975, p. 128.
[73] Gérard Lyon-Caen, "Du rôle des principes généraux du droit civil en droit du travail", *Revue Trimestrielle de Droit Civil*, 1974, p. 240.
[74] Idem, n. 8.

Continuemos a construção da cidade ideal. Não sendo mais submetidos ao "constrangimento", os trabalhadores se encontrariam diante de uma "ordem do trabalho consentido", fundada sobre outra coisa que não a autoridade e a sanção disciplinar[75]. E, como a anarquia não poderia se instalar nos locais de trabalho, os princípios de um novo direito disciplinar seriam elaborados em conjunto, isto é, por comissões paritárias que compreendessem patronato e sindicato. "Por que não definir o contrato de trabalho como um contrato pelo qual uma pessoa fornece um trabalho em troca de um salário e deixar ao empregador, por meio de acordo com as organizações sindicais ou dentro do comitê de empresa, o cuidado de definir uma ordem aceita"[76]. Isso é muitíssimo interessante: o trabalhador "trabalha"; seus "representantes" velam por ele.

E, como os sindicatos seriam apenas "gerentes de negócios", seria importante estabelecer uma "autonomia coletiva", que permitisse elaborar um "direito da negociação permanente"[77].

Assim, estando a ordem do trabalho de volta aos corações, e tendo a ordem da negociação se tornado a segunda natureza dos trabalhadores, finalmente se poderia passar às coisas sérias e elaborar dois conceitos que mandariam a luta de classes para o museu.

Primeiro conceito: a *violência torna-se direito*, o direito, a base de uma teoria dos jogos. "Certos golpes são permitidos; outros, proibidos. A regra do jogo aparece pouco a pouco, moldada pela prática e pelo costume, assim como a norma jurídica"[78].

Segundo conceito: o *regulamento*. "Os conflitos têm fases ascendentes e descendentes, pausas, soluções, precárias, sem dúvida, mas que o direito se esforça em aperfeiçoar. Esses modos de regulamento não são de tipo jurisdicional. Eles apelam mais para o consenso do que para imposição"[79].

Eis, portanto, o produto de um teórico, e devemos admitir que ele constrói o sonho de um "liberalismo" socializante. Imagine o leitor: trabalhamos com alegria, estamos bem defendidos pelos sindicatos e, quando as coisas vão mal, nós "conversamos". Não é muito diferente na URSS, salvo que a *"Administração" substituiu o patrão*.

Tomemos como exemplo esta ingênua declaração de um professor soviético:

> A participação dos operários e dos empregados na gestão das empresas acontece geralmente num clima de cooperação com a administração. Isso é compreensível, porque, na sociedade socialista, os operários, os empregados e os funcionários públicos trabalham

---

[75] Ibidem.
[76] Ibidem.
[77] Idem, n. 18.
[78] Idem, n. 20.
[79] Ibidem.

em empresas que pertencem a toda a sociedade e cuja atividade serve aos interesses deles. Eles desempenham uma tarefa comum [...] Mas a comunidade de objetivos dos operários e empregados e da administração não exclui inteiramente as discussões e os litígios sobre certas questões relativas à produção e às condições de trabalho e vida. Na sociedade socialista, as contradições antagonistas resultantes da existência de classes antagonistas são abolidas, mas restam as contradições não antagonistas, que se manifestam de formas diversas e levam aos conflitos entre os trabalhadores da empresa e a administração. Esses conflitos são muitas vezes engendrados pela tendência da administração a exagerar os interesses da produção ou um excesso de zelo administrativo. Nesses conflitos entre os trabalhadores e a administração, a organização sindical está do lado dos trabalhadores [...].[80]

As apostas são as mesmas, a ideologia é a mesma, salvo que o patrão foi substituído pela administração, o capitalismo monopolista pela propriedade do Estado, os "conflitos" por uma contradição não antagonista entre a administração e os operários.

O que desponta no horizonte nessa estratégia dos tribunais é a submissão da classe operária à gestão capitalista, seu enquadramento nos procedimentos de negociação.

Quanto à liberdade individual de trabalho, ela poderá servir, eventualmente, para quebrar a ação sindical, em nome do interesse do trabalhador. Nada mais fácil para o empregador que suscitar vocações de não grevistas!

Passemos agora para o lado sindical, e vejamos um pouco o que podemos suspeitar de seu poder em tal contexto.

2) O poder sindical

O poder sindical tornou-se, portanto, um poder de discussão, e os sindicatos um estado-maior, um corpo de oficiais encarregados de enquadrar a tropa, "uma direção qualificada, que manterá a ordem no movimento, com a qual se negociará, a qual se poderá responsabilizar"[81].

E, como nas grandes manobras em que o soldado ignora todos os desígnios dos generais, o operário é intimado a seguir cegamente as estratégias elaboradas pelos chefes responsáveis. Há os que sabem e os que não sabem. O "saber econômico"

---

[80] Semen Ivanov, "Sur la participation des syndicats à la gestion des entreprises dans le contexte du progrès scientifique et technique", em Institut d'Études du Travail et de la Sécurité Sociale (org.), *Études de droit du travail offertes à André Brun* (Paris, Librairie Sociale et Économique, Paris, 1974), p. 287.
[81] Robert Charlier, "Le droit constitutionnel de grève", cit., n. 31.

substitui a luta de classes, portanto a política; melhor ainda: ele serve de instrumento de represália contra a "espontaneidade" das massas.

E seria muito grave seguir os "conselhos de prudência" dos ideólogos burgueses.

A necessidade das seções sindicais de empresa de estar permanentemente atentas aos desejos da base, na medida em que o apoio jamais está definitivamente assegurado e representa a principal fonte de incerteza, leva a abraçar as concepções espontâneas do militante em matéria de negociação: a ênfase está mais na luta que no acordo, mais na reivindicação imediata que na criação de regras duráveis, mais no ganho instantâneo que na concertação permanente. Parece que apenas na medida em que os estados-maiores sindicais se tornam poderosos e organizados é que eles podem prosseguir com sucesso uma política de negociação que, em seguida, cria hábitos e novas formas de conduzir a luta social.[82]

Dito de outro modo, quanto mais fora o sindicato está de sua base, mais ele é descentrado das lutas, mais escapa da "espontaneidade" operária e mais é eficaz. A institucionalização da negociação supõe uma "máquina" sindical "concentrada" no mesmo modo da concentração estatal ou capitalista. Aí também os burgueses são muito clarividentes: "Quando o sindicalismo é centralizado e fortemente institucionalizado, como nos grandes bancos, a base participa pouco da elaboração do acordo, e menos ainda de sua ratificação [...] A permeabilidade das seções sindicais da base e dos eleitos [...] não favorece a institucionalização da discussão"[83].

A burguesia faz os sindicatos trabalharem para ela; ela tende a fazê-los funcionar segundo seu modelo de gestão, burocrático, portanto político. Quando substituímos a luta de classes por uma negociação, conduzida por um "poder" concretizado em aparelhos que funcionam com base na representação, na hierarquia, na disciplina, não há dúvida de que estamos em plena colaboração de classe.

E os juristas encontraram – como sempre – a palavra final.

Em um sistema de relações de poder caracterizado pela preeminência das seções sindicais e da negociação global dos objetivos sociais e econômicos, o sistema tende a uma regulação conflituosa [...] O modelo que resulta de tais processos de negociação parece não ser nem uma negociação periódica nem uma negociação verdadeiramente contínua, mas uma regulação conflituosa permanente, que, pela adição constante de novas cláusulas, transforma a distribuição do poder pelo controle aumentado dos sindicatos sobre as decisões fundamentais.[84]

---

[82] Dominique Martin, "Les systèmes de négociation et de représentation dans l'entreprise", *Droit Social*, 1976, p. 97.
[83] Ibidem, p. 98.
[84] Ibidem, p. 100.

"Regulação conflituosa permanente"! Era necessário dizer? A luta de classes, uma regulação conflituosa permanente! Em outros termos, uma luta "regulada" que leva em consideração os conflitos! É admirável!

E...

3) A classe operária?

Reduzida a um sindicalismo forte, pagando o preço desse sindicalismo: respeito à propriedade, respeito à liberdade individual de trabalho, respeito à regulação, e a classe operária?

Sem voz ou, quando toma a palavra, acusada de anacronismo – ao lado de Lenin e Marx, o que não é tão mal –, acusada de espontaneísmo – ao lado de Mao –, "presa", capturada nas categorias jurídicas, esmagada pela ideologia, pela tecnicidade, pelo economicismo, ela é obrigada a negociar, a exprimir-se na linguagem do "comedimento", da ordem e do direito. Em suma, exige-se dela a mais bela das qualidades burguesas: a *passividade*.

Chego aqui ao fim de meu périplo. Mostrei ao leitor certo número de figuras jurídicas da classe operária. Resta-me descrever o desfecho desse caso, o solo fúnebre da Corte de Cassação.

4) O solo fúnebre da Corte de Cassação

A Corte de Cassação deu um golpe de mestre: por uma "manobra", superou todas as contradições, evitou todas as armadilhas. Ela mereceu o reconhecimento do patronato.

Um Tribunal de Apelação recusou-se a ordenar a expulsão dos grevistas "por iniciativa dos dirigentes sindicais". A Corte de Cassação, presidida pelo primeiro presidente, toma uma decisão solene e decide drenar o abscesso.

> Competia ao Tribunal de Apelação determinar se o presidente do tribunal, que tem o poder de ordenar, liminarmente, todas as medidas urgentes quando as circunstâncias exigem que não sejam tomadas com contraditório, não deveria decidir em relação aos outros ocupantes, reservando-se a faculdade de referir-se a eles, em razão da urgência de prevenir um dano iminente, da dificuldade prática de chamar individualmente à causa todos os ocupantes, e da possibilidade de os dirigentes de fato do movimento de greve apresentarem os meios de defesa comuns ao conjunto do pessoal.[85]

Os não juristas não precisam se apavorar: tudo isso é muito claro, e demonstrarei em algumas palavras.

---

[85] Corte de Cassação, 17 maio 1977, *Recueil Dalloz*, 1977, p. 644.

a) Do ponto de vista processual

Era preciso capturar a classe operária; o perigo estava por toda parte. Não seja por isso! A Corte de Cassação encontrou no arsenal jurídico a "medida liminar". Trata-se de uma instituição quase única em nosso direito; trata-se de uma decisão provisória, tomada *sem contraditório* nos casos em que o requerente tem boas razões para não citar a parte adversa, e pela qual o presidente pode tomar "todas as medidas urgentes quando as circunstâncias exigem que elas não sejam tomadas com contraditório" (Artigo 812 do Código de Processo Civil).

Essa é uma torção tão exorbitante aos "direitos de defesa" que a doutrina, unânime, estima que as medidas que o presidente pode tomar só têm sua justificação na hipótese em que o adversário deve ser surpreendido. Exemplo típico: a constatação de adultério. Está fora de questão, é claro, que a "mulher culpada" ou o "amante audacioso" sejam prevenidos! É por isso que "as constatações são hoje prósperas e constituem a maior parte das ordens liminares; temos aí, notadamente, a grande massa das constatações de adultério"[86].

Assim, logicamente, as "circunstâncias" que permitem utilizar essa via processual encontram seu fundamento na "surpresa" do adversário. E, logicamente também, chega-se a este resultado surpreendente: na impossibilidade de "capturar" a classe operária à "luz do dia", o tribunal simplesmente a esconde "no armário" ou "debaixo da cama"! Bela mentalidade! Sem contar que quer nos fazer acreditar que os grevistas devem ser pegos de surpresa!

Por outro lado, um jurista meticuloso poderia fazer esta pergunta pérfida: se o presidente pode tomar "todas as medidas urgentes quando as circunstâncias exigem que não sejam tomadas com contraditório", podemos seriamente sustentar que a inadequação da lei, isto é, do procedimento de citação, constitui uma "circunstância"? Se sim, deveríamos analisar a inadequação de uma lei como "fato", porque as "circunstâncias" são, por definição, "fato"!

Mas isso pouco importa. Do ponto de vista processual, chegamos a este brilhante resultado: o patrão "pode doravante limitar-se a apresentar um pedido, isto é, valer-se de um procedimento clandestino, para passar a bola para o campo dos assalariados ocupantes, constrangendo-os ainda a tomar a iniciativa de um processo, se pretendem defender sua atitude diante do juiz"[87]. Foi semeada a desordem entre os grevistas; opera-se uma inversão do ônus da iniciativa e da designação do adversário.

Depois disso, pode-se praticar o liberalismo.

---

[86] Henri Motulsky, "Les ordonnances sur requête", em *Écrits: études et notes de procedure civile* (Paris, Dalloz, 1973), v. I, p. 190.
[87] Nota Jeammaud, *Recueil Dalloz*, 1977, p. 645.

b) Do ponto de vista do liberalismo

Os grevistas seriam, então, impotentes? Não. Eles podem contestar a ordem, "têm o direito" de contestar. E entenda-se: é necessário preservar a autoridade do juiz e a credibilidade da justiça; é necessário evitar que os trabalhadores acreditem que foram "enganados". "Depois da 'punhalada nas costas', a 'vingança dos trabalhadores contra as forças de opressão'?"[88] É o que se deve evitar a todo custo!

Então, eles podem contestar, isto é, iniciar o diálogo... sob ameaça de expulsão. "A missão prioritária do juiz, mesmo no estado atual do direito e na presença de tais conflitos, é salvar o que é possível e facilitar, ou mesmo impor, o diálogo onde ele pode ser estabelecido ou restabelecido."[89]

Quanto liberalismo! E já não há nem mesmo o perigo de que os grevistas sejam representados por seus "dirigentes de fato". Uma vez que a bola está com eles, que se virem para serem representados; uma vez que o tribunal "capturou" os grevistas fazendo-os desaparecer processualmente, eles que reapareçam como quiserem!

E é possível até se dar ao luxo de interpretar esse acórdão da Corte de Cassação como um reconhecimento implícito do "direito" à ocupação. Pois, se os dirigentes de fato podem apresentar "meios de defesa comuns", implicitamente, mas necessariamente, a expulsão não é automática, portanto não é uma via de fato e, dentro de limites a serem precisados, ela é um "direito"!

Isso não é maravilhoso?

Tudo foi preservado: a noção de "dirigentes de fato"; o "direito" à negociação coletiva, o poder sindical. Tudo foi preservado sob a simples ameaça de uma expulsão que pode intervir a qualquer momento. A Corte de Cassação preservou todas as preciosas conquistas da jurisprudência: ela simplesmente entregou o "poder" legítimo nas mãos do patronato de "direito divino".

---

[88] D. Normand, "Observations", *Revue Trimestrielle de Droit Civil*, 1977, p. 602.
[89] Ibidem.

Conclusão
As ilusões perdidas

Não ignoro que muitos me taxarão de "pessimista", muitos me criticarão por ter visto apenas o "lado ruim" das coisas. Não sou proudhoniano: a existência do "lado ruim" não implica que haja um "lado bom". A história avança pelo "lado ruim". É o que Hegel chama de trabalho do negativo, e Freud, de trabalho da morte.

Vivemos tempos sem precedentes. O "lado bom" das coisas agoniza sob os escombros conjugados de Outubro de 1917 e de Maio de 1968. O fim da grande mitologia política se anuncia no horizonte. A "esquerda" está morta, seguindo de perto o "socialismo". Nossa herança foi dilapidada. As velhas aspirações políticas estão morrendo. Quem lamentaria? As doenças do marxismo devoraram a si mesmas, e o marxismo hoje, e talvez pela primeira vez, pode ser liberado de seu triunfalismo. E o "impossível" revolucionário, o impossível de todas as revoluções, pode começar a nascer de nossas ilusões perdidas.

Ora, a primeira, a mais tenaz, a mais inextirpável de nossas ilusões é a crença de que a classe operária "existe". A classe operária jamais "existiu", jamais. Ela irrompeu na história, em pessoa, algumas vezes: a Comuna, Outubro de 1917 ou Maio de 1968, para nossa memória ocidental; às vezes penetra nos interstícios das práticas, dos aparelhos, dos discursos. Mas a classe operária jamais existiu, a não ser como uma categoria metajurídica que desempenhou e desempenha o mesmo papel que a "nação" ou o "povo". Consideremos friamente os "chamados" do PCF às "massas". O que são as "massas"? Algo inacessível para esse "chamado", porque as "massas" não são chamadas; é o cão que responde à voz do dono; porque, nesse "chamado", as massas são apenas uma espécie de validação transcendental, um objeto que existe somente para fazer existir esse chamado.

Nesse jogo cruel, a burguesia venceu. Ela "inventou" uma classe operária; melhor ainda, ela fez aqueles que estavam encarregados de representá-la "inventarem" uma classe operária. Ela não sujou as mãos. E mandou destruir, esfolar, mutilar e leiloar essa classe operária. Com uma fantástica capacidade inventiva, elaborou uma teoria e uma prática dos espaços políticos, dos espaços de poder, de cuja eficácia nós nem sequer suspeitamos.

No entanto, teremos de nos dar conta um dia de que a hegemonia burguesa somente triunfa por seu recorte social, que lhe permite governar por aparelhos interpostos. E é por isso que o direito, que é o sistema de organização desses espaços, é a ideologia triunfante.

Também teremos de nos dar conta de que a classe operária é a primeira vítima e o primeiro objeto desse recorte.

Consideremos um pouco as coisas. No topo da teoria jurídica do poder, dominam duas categorias: a competência – que permite traçar as fronteiras de cada território – e a representação – que permite aos "chefes" de cada território manifestar o interesse dos ocupantes.

Assim, vimos a empresa, fortaleza bem plantada em seu território econômico, representada pelo patronato, mas também pelos sindicatos. E o direito permitindo controlar as vias de acesso a essa fortaleza, as pontes levadiças, as passarelas.

Assim, mais tarde, veremos o Estado, outra fortaleza, controlando seu território específico, os aparelhos de Estado, e guardando ciosamente suas fronteiras.

Veremos ainda, na próxima parte desta obra, os aparelhos políticos produzirem suas próprias blindagens, das quais posso dizer ao leitor que se chamam povo, nação ou classe operária, massas ou... quem sabe o que mais[1]?

Que esse recorte seja político, que se oponha estruturalmente a qualquer outra hegemonia, eu faria como demonstração suplementar apenas uma única citação:

> Querendo ou não, quaisquer que sejam as acomodações e as concessões, a sociedade francesa, e com ela seu direito, permanece de inspiração liberal. Portanto, ela institui, mantém ou defende separações, divisões que, em sua lógica, constituem-se como proteções para o indivíduo. A política tem assim seu domínio próprio, e o liberalismo não lhe reconhece vocação para invadir todos os aspectos da atividade humana. A sociedade liberal esforça-se para manter a escola, a profissão, o esporte e também a empresa ao largo das lutas políticas; eles não poderiam constituir em locais designados para os debates partidários. Fundada no pluralismo, ela teme que a abertura desses espaços à política seja apenas uma maneira dissimulada de impor uma unidade ideológica que gradualmente solapa tudo aquilo sobre o qual ela é fundada e que leve com ela a liberdade dos indivíduos.[2]

---

[1] Como já explicitado na "Nota dos tradutores", na abertura desta obra, o autor pretendia, a princípio, desenvolver outros aspectos da legalização da classe operária em volumes subsequentes a este. Aqui, resta claro seu desejo inicial de tocar em questões referentes ao Estado. Embora esse projeto – ao menos até a presente edição – permaneça inconcluso, optou-se por manter, para o leitor brasileiro, o texto e, consequentemente, a referência originais. (N. T.)

[2] Philippe Ardant, "L'organisation de réunions politiques par les comités d'entreprise", cit.

Portanto, competência e representação, as quais devemos acrescentar uma teoria do Regulamento Interno que permite concretamente que cada território funcione. E o direito aparece, então, não somente como um sistema de distribuição de espaços, mas também como um sistema de organização interna de cada espaço.

É por isso que ele garante a hegemonia do "todo", o que os juristas chamam de "Estado de direito". E, para completar, devemos acrescentar ainda outra coisa: a própria organização interna de cada espaço funciona, ela mesma, pela competência e pela representação.

Consideremos mais uma vez a empresa. De um lado, ela é aquela fortaleza da qual falei, aquele encarceramento da produção dentro da competência e da representação, mas, de outro, seu funcionamento interno torna-se possível em nome dessas mesmas categorias. Competência? Lembremo-nos da "especialidade" dos conselhos de empresa e, de forma mais geral, da noção de "interesse profissional". Representação? Basta pensar no aparelho sindical e na "captura" dos operários. E, quando falarmos do Estado, o leitor verá que o estatuto dos funcionários públicos não passa de um imenso regulamento interno; e verá melhor ainda que o direito administrativo "interno", isto é, o ramo do direito público que tem como objeto manter em atividade os aparelhos de Estado, não é mais que um incrível regulamento fabril[3].

Em certo sentido, é aí que tudo se reúne: o bom funcionamento das coisas dentro da ordem dessas coisas. De um lado, o interesse da empresa, que condiciona o "estatuto" da classe operária; de outro, a continuidade dos serviços públicos, que condiciona a permanência repressiva.

Em última instância, o efeito desse bom funcionamento é claro: hegemonia pela repressão, econômica, política e ideológica.

Eis, portanto, em poucas palavras, como se apresenta a "sociedade burguesa", em que, literalmente, a classe operária desapareceu. Sem território, sem voz, sem palavra, encarcerada no Estado, na Empresa, nos partidos e nos sindicatos, amordaçada, enganada e errante. Sem eira nem beira, em delito contínuo de vagabundagem.

É chegado o momento de arrancar as máscaras; é o momento da crítica implacável e das práticas sem ilusões.

A segunda ilusão, tão tenaz quanto a primeira, é jurídica. Ela reside nessa crença obstinada de que a liberdade se transforma em direitos.

> Da liberdade sindical passamos ao direito sindical, como passamos da liberdade de organização ao direito de greve, e como parece que estamos nos lançando da liberdade do trabalho ao direito do trabalho. Há aí uma filosofia política própria do século XX que pensa em termos de "direitos e poderes", e não mais somente em termos de liberdades.[4]

---

[3] Ver nota 1. (N. T.)
[4] Hélène Sinay, "L'exercice du droit syndical dans les entreprises", *Recueil Dalloz*, 1969, cron. XII.

"Filosofia política"? Imagine! Hegemonia burguesa, isso sim, pois, uma vez que a "liberdade" se transforma em direitos, esses direitos são reapropriados no sistema dos espaços. Esse sistema se torna, miraculosamente, uma organização da liberdade. A esse respeito, é interessante ver a advertência dos juristas progressistas que enaltecem a entrada da política na empresa: "Mas que estejamos atentos: as liberdades são também o respeito à ordem pública, são portanto a regulamentação. Não se poderia fazer de tudo, a qualquer hora e em qualquer lugar. É necessário recordá-lo"[5].

É interessante ver se juntarem, numa interpenetração vertiginosa, o humanismo burguês e o humanismo stalinista, sob o signo do humanismo jurídico. Aqui, como lá, é o Direito integrado no Homem que triunfa.

Humanismo burguês? Já nos encheram o suficiente os ouvidos com o renascimento de um novo direito natural; já nos apresentaram catálogos, cartas e declarações em número suficiente; já nos fizeram sonhar o bastante, em textos paradisíacos, com uma consciência humana finalmente livre da peste e do cólera, do imperialismo e da luta de classes! Diz um ex-secretário-geral adjunto do Conselho da Europa:

> Imaginemos, imaginemos um homem plenamente, inteiramente consciente de seus direitos e de seus deveres de cidadão. Ele respeita o direito de toda pessoa à vida; ele condena a escravidão, as torturas, os tratamentos desumanos; ele ama a liberdade para si mesmo e para os outros; ele exige respeito a sua vida privada e familiar, a seu domicílio, a sua correspondência; ele reivindica o direito de participar da direção dos negócios públicos, de votar e ser eleito; ele deseja garantir a educação religiosa e moral de seus filhos, segundo suas próprias convicções; ele reclama o direito de ganhar a vida por um trabalho livremente escolhido; ele proclama que todos os seres humanos são iguais perante a lei, sem distinção de raça, cor e religião, que todos os povos têm o direito de dispor sobre eles mesmos...
> Qual ideologia esse homem ou essa mulher reivindica? A que partido pertence? De qual regime, de qual sistema político é adepto?
> [...] No dia em que os direitos forem unanimemente adotados e aplicados, os atritos e querelas entre partidos políticos, os conflitos e as guerras entre nações desaparecerão para sempre. Sonhos? Sim, talvez. Mas os homens jamais tiveram tanta necessidade de sonhar.[6]

Esse Homem do direito, esse Homem novo, Stalin o "criou". Comentário sobre o direito soviético feito por um eminente professor de direito, em 1953:

---

[5] Gérard Lyon-Caen, "Entreprise et politique", cit.
[6] Polus Modinos, "'Droits de l'homme'. Notes et observations", em René Cassin, *Amicorum discipulorumque liber* (Paris, Pédone, 1969), p. 173.

Na União Soviética, já não existem antagonismos de classe nem privilégios em benefício de uns sobre os outros; a verdadeira igualdade foi realizada, e o interesse social, ao qual deixaram de opor-se os interesses particulares, é a justificação de todas as regras do direito [...] Essa plena conciliação do interesse geral e dos interesses individuais que a estrutura econômica soviética realizou permite perseguir e alcançar aquilo que, nos países burgueses, era uma quimera inacessível: o assentimento de todos às regras do direito. Basta para isso explicar a cada um a razão de ser dessas regras: se for explicada corretamente, qualquer cidadão será levado a aplicar essas regras, mesmo que, em dada circunstância, elas funcionem contra ele.

[...] Quando tivermos chegado a esse resultado, o direito terá cumprido sua missão e poderá desaparecer, a coerção que o caracteriza terá se tornado supérflua, pois todos, excluída qualquer coação, obedecerão de plena vontade às regras que outrora tinham de ser impostas [...]

[...] O Estado soviético, fundado sobre os princípios do socialismo, eliminou as razões de ser dos vícios dos homens. É importante fazer saber, proclamar bem alto: pela organização econômica que dá à sociedade, e pela nova moral, socialista, à qual ele deu seu fundamento, o direito socialista constitui um direito de um tipo superior a tudo que já se conheceu na história, um direito de um tipo inteiramente novo".[7]

Uma última palavra, "através do espelho":

– A questão – diz Alice – é saber se é possível fazer uma mesma palavra significar um monte de coisas diferentes.

– A questão – diz Humpty-Dumpty – é saber quem será o mestre. E ponto-final.

---

[7] René David, "Remarques générales sur le droit soviétique", *Revue Progressiste de Droit Français*, mar./abr. 1953, n. 6-7, p. 48-9.

Anexos

REAÇÃO SOCIAL E MAGISTRATURA*

Pôde-se ler ontem o acórdão proferido pela Corte de Cassação. Tratava-se de um operário da fábrica Châtillon-Commentry, vítima de um acidente de trabalho. A indenização legal é calculada, como sabemos, com base no salário precedente. Porém, tendo esse operário feito greve durante três meses, seria computado o salário de nove meses ou o salário normal do ano inteiro? Evidentemente, seria monstruoso reduzir a pensão por acidente proporcionalmente ao tempo de greve. E a Corte de Cassação decidiu que a indenização seria paga ao trabalhador sobre a base de um ano pleno de trabalho. Desse ponto de vista, a decisão é, portanto, favorável à classe operária. Mas a Corte de Cassação fundamentou sua decisão sobre *um sistema jurídico inaceitável* e que constitui um grande perigo para o proletariado. É nosso dever protestar sem demora e advertir as organizações operárias. Porque é todo o direito de greve que está, se não abolido, ao menos ameaçado e desvirtuado pela estranha teoria da corte.

De fato, ela proclama que "a greve deve ser considerada como tendo definitivamente rompido o contrato de trabalho entre o patrão e o operário". Ela estima que, "se o operário retoma o trabalho depois da greve, é um novo contrato que se forma, absolutamente como se fosse estabelecido pela primeira vez". Dessa concepção singular da greve podem decorrer as mais graves consequências.

Se a greve tem por efeito romper imediatamente o contrato de trabalho, os operários perdem uma garantia essencial. A preocupação natural e constante desses operários é evitar as "demissões" pelos fatos de greve. Eles insistem sempre em retomar todos juntos o trabalho que juntos suspenderam. E, se os patrões pretendem

---
* Jean Jaurès, "Réaction sociale et magistrature", *L'Humanité*, 13 maio 1904. (N. E.)

demitir operários culpados somente de ter feito greve, isto é, de ter exercido um direito que a lei lhes reconhece, essa retaliação patronal aparece para a opinião pública como um abuso de poder, como uma anormalidade.

Ao contrário, segundo o sistema jurídico que a Corte de Cassação acaba de formular pela primeira vez, os patrões podem, sem que haja abuso de sua parte, não reincorporar uma parte dos grevistas. Eles podem não readmitir nenhum grevista, porque já não há dispensa arbitrária, não existe nem sequer dispensa. O contrato foi rompido pelo simples fato da greve. Não há mais entre os operários e o patrão nenhuma ligação contratual. No minuto mesmo em que a greve é declarada, já não há entre patrão e operários nenhum vínculo jurídico; ele já não os reconhece como seus "operários". Assim, as piores represálias patronais, os cortes mais arbitrários e mais odiosos receberiam da teoria da Corte de Cassação plena validação jurídica.

Em segundo lugar, o sistema tende a enfraquecer a ação solidária e coletiva dos operários em greve. Se estes deliberam em comum, se desejam controlar pacificamente e sem violência o retorno ao trabalho, é porque têm um interesse comum na evolução do conflito; é porque, ligados pelo contrato de trabalho à mesma empresa, têm todos qualidade igual para intervir pela justa aplicação ou pela melhoria daquele contrato. A Câmara dos Comuns, na Inglaterra, acaba de reconhecer a legalidade do *picketting*, isto é, da vigilância que é feita sem violência pelos grevistas na porta das fábricas e do esforço coletivo para persuadir aqueles que continuam trabalhando. Mas o que significa tudo isso, se os grevistas não estão mais ligados por nenhum laço à empresa, se, portanto, não estão mais ligados uns aos outros por nenhuma relação precisa, por nenhuma comunidade de interesse e direito? O sistema do Corte de Cassação pulveriza o bloco operário, dispersa juridicamente os trabalhadores que, na véspera, estavam ligados numa mesma empresa; ele faz da greve, que é a afirmação de uma vontade comum, a aniquilação de todo direito coletivo; ele vai contra todo o esforço de organização da classe operária.

Ao mesmo tempo, ele vai contra todo o espírito das leis recentes sobre a conciliação e a arbitragem. Senão, por que o Estado propõe às partes em luta um procedimento arbitral, por que demanda aos trabalhadores que negociem com o patrão por intermédio de um árbitro, se legalmente esses operários não são mais do que uma poeira atirada ao vento da rua? Toda a base de conciliação e arbitragem se desestrutura, se a greve aboliu o contrato de trabalho. A arbitragem supõe precisamente que, entre os dois elementos antagonistas, não sobreveio o irreparável: os efeitos do contrato de trabalho são suspensos para permitir aos operários e aos patrões interpretar de outra maneira ou corrigir amigavelmente o contrato. Mas este continua a ser o próprio tema do conflito presente e dos próximos arranjos. É extraordinário que a Corte de Cassação adote um sistema que tem o efeito conjunto de despojar os operários de garantias necessárias e dar à greve uma intensidade social exasperada.

Dizer que a greve é suficiente para romper o contrato de trabalho é reduzir os operários, desde a declaração da greve, a uma espécie de nudez jurídica; é também dar à greve o caráter de uma ruptura social definitiva; é levar a guerra das classes ao absoluto. Dizer que a greve abole o contrato de trabalho é condenar o proletariado a suportar indefinidamente condições de trabalho iníquas, talvez, ou perder por sua reivindicação todo contato legal com a empresa da qual faz parte; ou a submissão passiva ou uma espécie de evicção jurídica: eis a alternativa à qual o sistema dos juízes reduz o operário. Certamente, esse não é o sentido que o senso comum dá à greve. Ela é uma interrupção de fato, não é a anulação de todas as relações de direito entre os operários e a empresa. Mesmo no patronato, apenas uma minoria ínfima pretendeu até aqui que a declaração de greve por si só romperia com todo laço de direito entre o empregador e empregado. A prova é que, muito frequentemente, os patrões, mesmo os mais violentos, advertiram os operários, após várias semanas de conflito, que, se eles não retornassem à fábrica numa data determinada, seriam considerados como não mais fazendo parte do quadro de funcionários. Essa ameaça não tem sentido se, pelo exclusivo efeito da greve, todo contrato de direito é rompido. É desde o primeiro minuto, e sem que a vontade patronal tenha chegado a se formular, que os grevistas, no sistema da Corte de Cassação, já não fazem parte do quadro de funcionários! Admirável fórmula de reação social e guerra civil!

Com que direito também os industriais, quando uma greve os impede de honrar em tempo seus compromissos, alegam caso de força maior? Sim, eles podem invocá-lo, se subsiste um laço entre eles e seu pessoal. É precisamente porque os industriais têm de negociar com um quadro de operários, que permanece unido a eles pelo contrato de trabalho, que há força maior para eles. Se o contrato é rompido, se nenhum laço de direito subsiste entre os operários e o patrão, este tem apenas de procurar outros operários no mercado de trabalho. Azar dele! Assim, a manutenção do contrato de trabalho, mesmo durante a greve, é a contrapartida necessária da escusa de força maior invocada pelo patronato. O sistema da Corte de Cassação não é somente retrógrado: ele lança em todas as relações econômicas um problema profundo.

Mas quando a República tratará de fazer penetrar em sua magistratura o sentido do progresso social? Na Corte de Cassação, no Conselho de Estado, os próprios homens que são claramente os mais republicanos, e que são capazes da mais alta coragem para defender os direitos individuais, são, quando se trata das questões sociais, reacionários inconscientes ou fanáticos. Esse é um dos maiores infortúnios que podem afligir a democracia. É um dos maiores infortúnios que podem ameaçá-la. Sua "Justiça" trabalha contra a justiça, contra o direito novo.

Notas e documentos do CNPF

Depoimento do sr. François Ceyrac, presidente do CNPF, perante a Comissão de Liberdades da Assembleia Nacional, 7 de julho de 1976

> *A liberdade de empreender é, portanto, mais que um incomparável instrumento de progresso econômico e social; ela é o sinal visível, a fonte, a garantia de uma sociedade de liberdades.*
>
> 7 de julho de 1976

Senhor Presidente,
Senhoras e senhores deputados,
Quando recebi vosso convite, honra feita em minha pessoa a todos os chefes de empresa, uma lembrança se impôs a mim, a de uma obra sobre a Roma Antiga, assinada por dois grandes nomes republicanos – inclusive o do vosso presidente. Políbio, ao dar a chave da liberdade, excepcional na história, da qual desfrutaram os Filhos da Loba no século III antes da nossa era, a *libertas maiorum*, havia utilizado esta fórmula: "O poder de cada força da sociedade era equilibrado pelo poder das outras forças".

Assim era evocado pelo penetrante historiador grego, continuador de Sólon e Aristóteles, o princípio desta equação fundamental no Ocidente: liberdade = equilíbrio das forças que compõem a sociedade inteira. E eis que essa lembrança que me veio por ocasião de vosso convite, senhor Presidente, eis que a lembrança dessa equação que exprime a democracia tal como a vivenciamos na França, isto é, tensões fecundas entre polos de influência, partilha de poder no tempo e no espaço, justa medida, pluralismo, proteção de diversidades e minorias, restituía a meus olhos seu exato alcance em minha audição de hoje.

Não me apresento diante de vós forçado a uma defesa desesperada, mas, ao contrário, apto a tomar a iniciativa em nome de um patronato que constitui um elemento necessário ao equilíbrio de forças em nossa sociedade francesa de hoje e – por consequência – um elemento necessário à liberdade.

É sob a invocação de uma liberdade que pretendo me colocar: a liberdade de empreender, a qual constitui não somente a condição de existência do patronato, sua legitimação eminente, mas sobretudo o elemento necessário a um equilíbrio, dessa vez não mais entre forças sociais, mas entre liberdades. Equilíbrio igualmente indispensável, já que, se uma única dessas numerosas liberdades fundamentais é diminuída ou destruída, as liberdades vizinhas de que ela constituía o limite, continha numa justa medida, são levadas imediatamente à desmedida, erigem-se em absoluto, degeneram em tirania.

Ora, uma dupla impostura se desenvolve, visando, ao mesmo tempo, esses dois elementos indispensáveis à liberdade, que são a liberdade de empreender e o patronato.

Essa impostura se manifesta de dois modos principais. De uma parte, traveste o patronato até deixá-lo irreconhecível: ele já não é um dos elementos necessários ao equilíbrio social; e esse equilíbrio, garante da liberdade, irá muito melhor se o patronato for destruído! De outra parte, a liberdade de empreender é apresentada como a faculdade de roubar e oprimir, e até assassinar o próximo! Se essa liberdade for suprimida, as outras liberdades não apenas sobreviverão, como ainda florescerão! Simples assim!

É precisamente contra essa dupla impostura que formularei aqui duas observações.

Minha primeira observação concernirá ao conceito de patronato, e à importância dele na nação e para a nação.

Segundo um esquema político bem conhecido e particularmente em voga hoje, o patronato é apresentado com frequência sob as espécies de uma frágil minoria de franceses, algumas centenas, alguns milhares apenas. Fração ínfima em importância numérica, cujos membros teriam se apartado progressivamente da nação por seu pertencimento a uma verdadeira casta, cada vez mais restrita, cada vez mais minoritária, cada vez mais rica.

Isso permitiria cogitar, com todo o bom-senso e em plena consciência, a supressão dessa minoria, que teria se tornado objetivamente estrangeira e oporia um obstáculo ao progresso da imensa maioria da nação.

Assim travestido em diabo, o patronato deveria ser suprimido. Ele apareceria, com efeito, como uma espécie de rejeito radioativo, e haveria toda a vantagem e nenhuma inconveniência em se livrar dele para permitir à comunidade nacional, enfim depurada, prosseguir sua marcha em direção a um regime de justiça social cientificamente perfeito, e garantido por programa.

No entanto, a realidade dos fatos não tem nada a ver com esse melodrama histórico. Ela é o exato oposto, na verdade.

Longe de constituir uma casta coagulada, cada vez mais insignificante em quantidade e qualidade, e como tal destinada às "latas de lixo da história", o patronato de hoje, categoria social aberta, e não casta, não classe, confunde-se quantitativa e qualitativamente com a nação inteira e não poderia ser agredido sem que a nação inteira o fosse ao mesmo tempo em sua prosperidade, em sua independência exterior e em sua liberdade, na justa e necessária promoção permanente de sua elite, isto é, dos melhores pelo mérito, sem consideração de origem social.

Esse patronato conseguiu transformar, em alguns anos, um país protecionista e fragilmente industrializado no quarto exportador do mundo, triplicando ao mesmo tempo o poder de compra dos assalariados. Ele assume a parte mais importante do esforço tecnológico do nosso país em todos os campos civis e militares, no momento de uma impiedosa concorrência internacional que ameaça no curto prazo os países insuficientemente abastecidos de potencial técnico. Ele é um elemento motor, talvez o mais importante, tanto por suas iniciativas como por seu realismo, das transformações econômicas e sociais da França.

O número daqueles que, de um modo ou de outro, são patrões, não para de crescer com a rápida expansão do setor de serviços, o renascimento do artesanato, o desenvolvimento das profissões liberais. Sua importância numérica ultrapassa, desde os trabalhadores independentes e os camponeses até os dirigentes de todos os tipos de empresa, comerciais e industriais, em muitos milhões de franceses.

Esse patronato assim concebido, assim definido, assim composto, é a cada dia e em todo lugar o meio mais seguro de promoção social para cada francês e, em primeiro lugar, para os mais frágeis, os mais pobres, os mais desprovidos de relações, de oportunidades familiares. Aquilo que a Igreja ofereceu durante tantos séculos, hoje é o patronato que dá: um instrumento único de promoção popular, nacional, permanente, em direção aos postos de decisão e responsabilidade, com base no esforço e no mérito pessoal. Mais de 60% dos patrões da indústria e do comércio são de origem modesta ou rural (pesquisa do Insee* de 1964). E o fenômeno é dessa mesma natureza entre os executivos: 37% dos executivos da metalurgia, profissão altamente técnica, são autodidatas. Uma pesquisa publicada pela Apec** mostra que 58% dos executivos promovidos nas empresas pararam seus estudos antes de terminar o ensino médio.

---

* Institut National de la Statistique et des Études Économiques [Instituto Nacional de Estatística e Estudos Econômicos]. (N. E.)
** Association pour l'Emploi des Cadres [Associação para o Emprego de Executivos]. (N. E.)

É, pois, afrontar toda a realidade querer travestir em uma minoria apartada da nação essa massa de responsáveis divididos em todos os setores, rural, industrial, comercial, artesanal, e que, mais que qualquer um, vivem em contato cotidiano com os trabalhadores assalariados. Popular em cada uma de suas fibras, estendido às maiores e mais diversas camadas da nossa nação, o patronato faz parte da carne viva da pátria.

Mas esse patronato, e esta é minha segunda observação, não existe, não se renova, não é fecundo senão pela liberdade de empreender. É por ela que todo homem pode traduzir em fatos seu gosto pela iniciativa pessoal, seu desejo de poder, um dia, estabelecer-se por sua própria conta, forma realista da autogestão.

É, portanto, indispensável que seja encorajado o espírito de empresa.

Um país que privilegia a segurança em detrimento do risco, que desconfia da inovação, que se refugia na abstração por medo de realidades e da sanção dos fatos, é um país que está envelhecendo, que se priva da vida.

Por muito tempo, na França, uma desconfiança recíproca, fundada na ignorância, separou o sistema educativo e as empresas. Alguns anos depois, muitos tomaram consciência das consequências nefastas de tal incompreensão. É preciso acelerar a evolução que se anuncia para aproximá-los. O dinamismo do país e a inserção harmoniosa dos jovens na vida social dependem disso.

É preciso igualmente que sejam assegurados os meios necessários à afirmação prática da liberdade de empreender: possibilidade de criar, é claro, mas também de crescer e se desenvolver.

– Isso supõe, em primeiro lugar, que seja encorajada e desenvolvida a apropriação privada – seja ela individual ou coletiva – dos bens e dos meios de produção.

– Isso supõe, em segundo lugar, que aquele que tem a responsabilidade de criar a empresa tenha a liberdade de expandi-la. Entravar a liberdade de gerir é diminuir a legitimidade da responsabilidade. Em nome de que confiar a um chefe de empresa os resultados de sua gestão, se ele não tem a liberdade de concebê-la e aplicá-la, se ele não tem a liberdade de decidir sobre seus investimentos, sua política comercial, seus preços? A empresa é uma célula viva que se faz dia após dia, que deve se adaptar incessantemente a um meio em contínua mudança. Ela só pode fazer isso se seu chefe tiver liberdade para antecipar, agir, ajustar seus meios a seus objetivos. Se a iniciativa privada é precisamente o meio mais eficaz de produzir riquezas, é absurdo entravá-la com as regulamentações cada vez mais complexas de uma burocracia invasiva. Os senhores sabem, por exemplo, que uma empresa que admite pela primeira vez um aprendiz deve criar um arquivo que necessita de 14 formulários de 5 tipos diferentes, 55 assinaturas ou vistos, 22 ofícios? É paradoxal, numa época em que todo o mundo reconhece os benefícios da descentralização, multiplicar a intervenção, na gestão das empresas, de uma Administração que ignora quase tudo de sua vida cotidiana e não apoia as consequências de suas decisões.

– Isso supõe, enfim, que seja respeitada a liberdade de trabalho. Não é aceitável que, num país civilizado, grupos se arroguem, pela violência física, pela intimidação, por pressões morais, o direito de suprimir essa liberdade essencial, de ameaçar a segurança das pessoas e dos bens. No entanto, é o que acontece hoje na França. Deixarei à Comissão uma nota precisa sobre esse ponto e, infelizmente, não exaustiva. Nós nos opomos e continuaremos a nos opor a tais práticas que trazem em si o germe da intolerância e da ditadura. Temos consciência de, com isso, defender a liberdade de cada francesa e de cada francês.

Minha última reflexão será, aliás, que a liberdade de empreender, por sua própria existência, reclama e protege liberdades que acabamos considerando conquistadas para sempre, de tanto que achamos que são naturais.

– Liberdade dos consumidores, é claro, já que o próprio objeto da economia de livre iniciativa é a satisfação das necessidades dos consumidores e sua regra é aceitar seu veredito.

Economias dirigistas podem ser economias muito avançadas no campo da tecnologia, do desenvolvimento científico. Mas basta olhar ao nosso redor para ver que se trata de economias de poder, em conformidade com a natureza daquele que as dirige, o Estado, e que se preocupam muito pouco com os desejos dos indivíduos. Não que elas os excluam por princípio, mas, contrariamente às economias de livre empresa, não são feitas para isso.

No sistema que conhecemos, são os consumidores que, pelas compras que efetuam, determinam a atitude dos produtores, entre os quais eles arbitram. Sei que alguns, mais convencidos da duplicidade dos produtores que confiantes no bom senso dos consumidores, estimam que eles sejam enganados, manipulados pelas ilusões mentirosas da publicidade. Gostaria somente de submeter um fato a sua reflexão: de uma pesquisa realizada nos EUA, consta que 30% dos novos produtos lançados em 1967 no mercado norte-americano foram um fracasso em razão da rejeição do público. Isso permite tomar uma medida mais exata dos efeitos da publicidade.

– Liberdade dos trabalhadores também. Esquece-se muito frequentemente que a liberdade do chefe de empresa e a liberdade do trabalhador são duas facetas de uma mesma realidade. Darei alguns exemplos.

• Liberdade de aderir ou não aderir a um sindicato, liberdade do sindicato em relação tanto ao patrão quanto ao Estado. A liberdade de empreender, isto é, para o patronato, a liberdade de existir, é a garantia da liberdade sindical. Os países de livre iniciativa mantiveram a existência de poderes distintos: poder patronal, poder sindical, poder do Estado. Os regimes coletivistas, confundindo esses três poderes nas mãos do partido, suprimem ao mesmo tempo a liberdade do patrão e a do assalariado. O jornal dos sindicatos soviéticos explica muito claramente: "Os sindicatos são, em princípio, uma organização exterior ao partido. Mas, pelo fato de terem com o partido uma base social comum e funcionarem sob sua direção imediata, eles se desenvolvem como se fossem comunistas por essência. Sua atividade é orientada para a realização de objetivos e tarefas definidos pelo partido" (*Troud*, 24 de setembro de 1973).

• Liberdade de parar o trabalho para apoiar reivindicações profissionais. Ainda que não exista definição legal, a greve é um direito que figura na nossa Constituição e que se inscreve também na realidade cotidiana do nosso país. Isso significa que, juridicamente, e na prática, ninguém pode ser sancionado por ter parado o trabalho, desde que, é claro, essa cessação de atividade não tenha levado a abusos como as violências que evoquei há pouco. Não se poderia aplicar o mesmo princípio às sociedades em que um plano define de maneira imperativa os objetivos a atingir, os meios a pôr em prática e as tarefas de cada um. Entravar a realização desses objetivos seria uma sabotagem deliberada da vontade nacional.

• Liberdade de não ter de prestar contas de suas opiniões políticas, nem ao chefe de empresa, nem a representantes de partidos políticos.

Pouco importam, em nossa sociedade, as opiniões políticas daqueles que trabalham nas empresas, desde que eles cumpram normalmente sua tarefa profissional. Mas nós todos sabemos que nos países onde não existe liberdade de empreender, a primeira qualidade exigida do dirigente de uma empresa é de ordem política: ele deve ser ideologicamente impecável.

Para evitar tais atentados à liberdade, a empresa deve permanecer um lugar politicamente neutro. Se fosse de outro modo, isso conduziria inevitavelmente à etiquetagem de cada um, à aplicação de meios de pressão e intimidação inadmissíveis. Se os chefes de empresa deixam que a política se instale com seus aparelhos na empresa, então podemos falar de alienação dos trabalhadores.

***

A liberdade de empreender é, pois, mais que um incomparável instrumento de progresso econômico e social; ela é o sinal visível, a fonte, a garantia de uma sociedade de liberdades.

É claro que essa sociedade, como toda construção humana, não é perfeita. É claro que a liberdade dá àquele que dela dispõe a possibilidade de abusar dela. Mas destruir – destruir e não corrigir – uma liberdade em nome de um ideal coletivo leva sempre à destruição de todas as liberdades. A história, através dos milênios, nos demonstra o suficiente.

Anexo – Violências cometidas em conflitos coletivos

Há dois anos, os conflitos coletivos são marcados por um aumento contínuo do número de ações de violência e atentados às liberdades.

Essas ações constituem delitos de direito comum concernentes ao tribunal correcional.

Sua multiplicação leva ao desrespeito das liberdades e direitos fundamentais garantidos aos cidadãos pela Constituição.

Trata-se de operações políticas, conduzidas por setores externos às empresas, segundo uma estratégia revolucionária, cujo objetivo é instalar um contrapoder no próprio interior da empresa.

Ao mesmo tempo, uma campanha para envenenar a opinião pública tenta credenciar a ideia de que tais ações, perfeitamente ilícitas, são simples modalidades do direito de greve.

Os textos são teoricamente suficientes para assegurar uma resposta das empresas diante desse aumento contínuo da violência. Mas os meios práticos que permitem sua aplicação revelam deficiências por vezes dramáticas, que podem tornar impossível a proteção elementar das pessoas e dos bens.

Multiplicação das ações violentas

O recurso à violência vem se tornando realmente preocupante por seu caráter sistemático.

Essas vias de fato se exercem essencialmente em três *domínios*.

I – Ataques contra os bens e os direitos de propriedade

São essencialmente as *ocupações* de fábricas que, nos últimos dois anos, muitas vezes originaram-se automaticamente pela eclosão de um conflito. Conflitos sem ocupação de fábricas tornaram-se exceção; a duração das ocupações não para de se alongar.

Empresas em Chausson (maio-junho de 1975): a ocupação durou de seis a oito semanas, conforme a fábrica.

Câbles de Lyon (maio-junho de 1975): cinquenta e dois dias de ocupação na fábrica de Clichy.

As *Câmaras Sindicais Patronais* também foram objeto de invasão. Em 28 de abril de 1976, a Câmara Sindical da Metalurgia de La Rochelle foi saqueada.

Também há confisco de materiais pertencentes às empresas ou a seus clientes, vendas selvagens de produtos roubados nas empresas, deteriorações de todo tipo.

Na *Paumellerie Électrique* (La Rivière de Mansac, Corrèze), os delegados do pessoal se deitaram na frente de caminhões carregados de ferramentas e material pertencentes a um cliente para evitar a entrega, caracterizando assim uma greve-trombose (inspirada pelo PC local) e paralisando a construção automobilística (março de 1976).

II – Violações às liberdades individuais, especialmente dirigidas contra os membros da direção das empresas

Trata-se de *sequestros* de diretores e executivos, acompanhados muitas vezes de insultos, injúrias, vexações e até mesmo violência física.

Exemplos:

• Empresa Sorotex, em Anger (setembro de 1975). Em duas ocasiões, houve uso de reféns: o diretor-geral e cinco executivos – inclusive o representante da CGC – foram sequestrados por mais de quarenta horas e só foram liberados pelas forças da ordem. A CGT e a CFDT tomaram parte ativa nesse sequestro e oito sindicalistas e quatro dirigentes (dois da CGT e dois da CFDT) foram condenados por sua ação determinante no sequestro.

• Empresa Poclain. Durante o conflito (final de março/início de abril de 1976), são feitos reféns, em 31 de março, o presidente, M. P. Bataille, que consegue se libertar, e o diretor-geral, M. Cl. Bataille, que permanece sequestrado das 9h30 às 17h30, preso em seu escritório do meio-dia às 17h30 por dirigentes, mulheres e crianças empurradas para a linha de frente.

• Empresa Câbles de Lyon. Executivos foram tratados como "assassinos" em inscrições nominais. O diretor da fábrica foi atingido por cusparadas enquanto carregava um homem ferido até uma ambulância. Executivos tiveram de ser hospitalizados em consequência dos golpes e dos ferimentos que sofreram dos dirigentes sindicais.

• Motores Peugeot em Beaulieu-Valentigney. Um grupo minoritário, sabendo que um dos membros da direção estava em seu escritório, foi se manifestar e gritar em frente a sua casa, quando as crianças estavam lá sozinhas.
Método tão odioso como esse é indigno de um povo civilizado.
Trechos da denúncia ao Procurador da República, feita por um dos membros da diretoria da Motores Peugeot:

> Em 30 de março de 1976, em torno de 12h30, grevistas entraram na sala com dois caixotes em que havia sanduíches, assim como garrafas de bebidas (limonada e vinho). Eles partilharam esses alimentos e bebidas. Avisaram aos membros da diretoria, assim como aos senhores Bleas, Lefebvre, Tieccin e Lachaud, que não teríamos nada para comer ou beber. O sr. Charrière se recusou a comer. Os outros membros do Comitê de Empresa e os representantes sindicais almoçaram.
> [...] Essa situação perdurou com numerosas entradas e saídas, mas na porta havia sempre duas pessoas, sentadas em cadeiras, de guarda. Os insultos continuaram, em particular contra mim. Disseram que eu não poderia ir ao banheiro, assim como os outros membros da direção, com frases do tipo "Vamos esperar quando eles tiverem vontade de urinar" e "Vamos trazer fraldas para eles".

• Empresas Saunier-Duval (Nantes, abril de 1976). Os instigadores do conflito invadiram a residência do diretor, saquearam as plantações, enquanto os filhos dele eram objeto de pressão e intimidação na escola (mesmo depois de o pessoal manifestar sua vontade de voltar ao trabalho).

III – *Atentados às liberdades individuais, especialmente contra o pessoal das empresas*

São os *entraves à liberdade de trabalho*, que se tornaram frequentes. Todos os meios são utilizados:

• barricadas nos portões das fábricas;
• piquetes de greve munidos de capacetes e armados de barras de ferros, parafusos...;
• pressões, ameaças, abusos. Exemplo: nas empresas Chausson, após o fim da ocupação, o pessoal não grevista foi objeto de pressões violentas para não trabalhar. Na Câbles de Lyon, onde múltiplas vias de fato foram objeto de autos de oficiais de justiça e queixas no Tribunal de Nanterre (92 declarações escritas), houve muitos feridos, pedras jogadas nos automóveis dos funcionários...;
• tentativas de discursos ilegais e visitas do PC às empresas;
• pressões e ameaças contra os funcionários fora do local de trabalho. Exemplo: na Câbles de Lyon, os operários não grevistas foram perseguidos até em casa e sofreram ameaças por telefonemas noturnos. Mesmas ameaças telefônicas contra muitos executivos em outros conflitos (SGF).

Esses crimes são atos de grupos minoritários e de elementos exteriores ao pessoal da empresa, cujo objetivo no longo prazo é destruir por dentro a sociedade liberal.

Daí, para cobrir esse terrorismo político ou sindical que se estabelece cada vez mais, o desenvolvimento de *campanhas de intoxicação* sobre supostas exações patronais, confundindo os espíritos a fim de espalhar na opinião pública a ideia de que essas vias de fato estão se tornando "usos" que deveriam ser considerados *banais*, aceitáveis nas relações profissionais – e, assim, multiplicar impunemente o recurso à violência e, enfim, legalizá-lo.

Invertendo a ordem dos valores, a imprensa sindical revolucionária trata como "ato de violência" o pedido de desocupação das fábricas ao tribunal, ou como "agressão intolerável" as sanções aplicadas aos autores das brutalidades de que são vítimas os não grevistas.

Essas ações se inserem na linha de *endurecimento político* que o PC segue atualmente – e correlativamente a CGT –, bem como, de uma outra maneira, a CFDT.

O conflito de La Rochelle, programado há dez meses, ilustra às mil maravilhas esse tipo de conflito, completamente conduzido de fora pelas minorias locais manipuladas pelo PC.

Em face da escalada de violência, os meios de resposta mostram eficácia limitada.

Se a proteção dos bens e das liberdades individuais é teoricamente satisfatória no nível dos textos, colocá-los em prática revela carências, e as empresas esbarram muitas vezes em incompreensões ou na falta de reação das autoridades responsáveis.

Com frequência, *a resposta às ocupações de fábricas ou sequestros* pode consistir na apresentação de um requerimento de medidas liminares ao presidente do Tribunal de Grande Instância ou no pedido de uma liminar de hora em hora. Pois bem, às vezes as empresas têm a impressão de esbarrar em certas forças de inércia. Por exemplo:

• quando certos juízes utilizam procedimentos dilatórios para evitar dar ordem de desocupação dos lugares ocupados;

• quando as autoridades públicas protelam a aplicação das ordens do juízo, o que acontece com muita frequência.

Ao mesmo tempo que quase todos os conflitos eram acompanhados de ocupação e muito frequentemente de sequestro, como aconteceu no outono de 1975, vimos membros de diretorias e não grevistas, em geral majoritários, insurgir-se contra essa carência das autoridades judiciárias e administrativas.

• *Em caso de pressões, de ameaças externas* contra o pessoal e fora do local de trabalho (exemplo: Câbles de Lyon), as empresas estão quase que totalmente desprovidas de meios para proteger seus funcionários.

Essa ofensiva político-sindical, montada sobretudo pelo PC e pela CGT, leva a um clima geral de insegurança e, por vezes, de terror nas empresas.

É importante reagir vigorosamente contra esses atentados intoleráveis às liberdades fundamentais.

A GREVE

O direito de greve deve encontrar seus próprios limites no respeito a outros direitos legítimos

Na França, o direito de greve é um direito constitucional que "se exerce nos limites das leis que o regulam". Mas essas leis não existem!

Nenhum texto legislativo define o direito de greve, nem especifica suas condições de exercício nem reprime seus abusos.

O direito de greve deve encontrar seus limites no necessário respeito a outros direitos que são também direitos constitucionais: a liberdade individual do trabalho, a liberdade pessoal de ir e vir (o sequestro é ilícito), liberdade de fazer funcionar o instrumento de produção que é a empresa (a ocupação das instalações e a sabotagem são ilícitas).

É preciso delimitar melhor o conceito de greve na sociedade moderna.

E compreender que, para resolver um conflito entre interesses divergentes, é preferível buscar a conciliação a iniciar uma prova de força: a greve deve permanecer a arma excepcional do último recurso.

O fenômeno da paralisação orquestrada do trabalho – *a greve* – existiu em todas as épocas. Mas foi com o movimento de industrialização do século XIX que a greve entrou em sua fase moderna. Ademais, passadas várias décadas, os aspectos do problema evoluíram muito.

Nosso documento apresenta os aspectos essenciais dessa evolução. Ele lança luz, em primeiro lugar, sobre *a inexistência de textos legislativos que definam a greve e fixem seus limites.*

I. A greve é um direito constitucional na França

A greve foi um delito penal até 1864. Tornou-se lícita pela lei de 25-27 de maio de 1864, aprovada por influência de Napoleão III.

Desde 1946, tornou-se um direito constitucional. O preâmbulo da Constituição de 1946 (cujas disposições ainda estão em vigor em virtude do preâmbulo da Constituição de 1958) especifica: "*O direito de greve se exerce nos limites das leis que o regulam*". Essa frase está em uma parte do texto que diz respeito ao trabalho e à economia. Isso significa que a greve de que se trata apresenta um caráter profissional.

O exercício normal[1] do direito de greve, portanto, já não acarreta responsabilidade, penal ou civil, para o assalariado. Segundo a Lei de 11 de fevereiro de 1950, a greve não rompe o contrato de trabalho, apenas o suspende, exceto em casos de "falta grave imputável ao trabalhador", que pode justificar uma dispensa.

Mas voltemos a um ponto capital: segundo a Constituição, o direito de greve se exerce *nos limites das leis que o regulam*. Quais são essas leis?

Essas leis não existem. A regulamentação do direito de greve anunciada pelo preâmbulo da Constituição não ocorreu até hoje, com exceção de alguns pontos específicos relativos aos serviços públicos[2].

Assim, encontramo-nos perante *um vazio jurídico*.

Uma questão se impõe: *na falta de leis, o exercício do direito de greve não tem nenhum limite?* Ou ainda: *na falta de leis, o direito de greve é, de fato, superior a todos os outros direitos?*

---

[1] No sentido da jurisprudência.

[2] A Lei de 31 de julho de 1963 aplica-se apenas aos serviços públicos (aviso prévio obrigatório de cinco dias, monopólio da deflagração lícita da greve pelas organizações sindicais mais representativas, proibição de greves rotativas). Outros textos interditam ou regulamentam o exercício do direito de greve para certas categorias de funcionários públicos (Companhias Republicanas de Segurança, polícia, magistrados, corpo administrativo das prefeituras, funcionários penitenciários, certos membros da navegação aérea). [Adotou-se uma lei, a de 31 de julho de 1963, sobre as condições do exercício do direito de greve nos serviços públicos, que foi posteriormente modificada por duas outras leis: 1) a de 19 de outubro de 1982, que em especial legaliza o aviso prévio de greve nos serviços públicos, proíbe as greves "rotativas", "selvagens" e "de surpresa", e prevê o desconto de um dia de salário para qualquer paralisação do trabalho de qualquer duração durante o tempo de trabalho; 2) a de 21 de agosto de 2007, que institui um "serviço mínimo", que se desdobra em três aspectos: primeiro, as empresas de transporte e as organizações sindicais são encarregadas de negociar antes de dar um aviso prévio de greve; segundo, os empregados devem declarar com dois dias de antecedência sua participação na greve e a organização sindical pode, oito dias depois da greve, organizar uma votação para decidir o prolongamento da greve ou não; terceiro, a empresa de transporte deve informar previamente os usuários que haverá eventualmente uma perturbação ou greve. (N. T.)]

II. Os limites do direito de greve

Todo direito é necessariamente limitado por outros direitos que devem ser respeitados. Mas devemos insistir nisso, porque o ponto é importante: *nenhuma lei* define o direito de greve, especifica seus limites e condições de exercício, reprime seus abusos.

Todavia, o Conselho de Estado e a Corte de Cassação colocaram um princípio fundamental, expresso em termos praticamente idênticos: "*O reconhecimento do direito de greve não poderia ter como consequência excluir as limitações que devem ser feitas a esse direito, como a qualquer outro, a fim de evitar um uso abusivo ou contrário às necessidades da ordem pública*".

O direito de greve certamente tem limites, e só pode ser exercido sob certas condições. Os tribunais as especificam nos comentários de seus julgamentos: essa *jurisprudência*, como podemos ver, tem importância capital.

O direito de greve encontra seus limites no necessário respeito a outros direitos, que são também direitos constitucionais e igualmente legítimos.

1) *O direito de trabalhar livremente*. A Lei de 27 de dezembro de 1968, relativa não à greve, mas ao exercício do direito de organização sindical nas empresas, dispõe que "o exercício do direito sindical é reconhecido em todas as empresas no que respeita aos direitos e liberdades garantidos pela Constituição da República, *em particular da liberdade individual de trabalho*".

Em face do direito de greve, que é o direito do grupo, o direito do indivíduo é o de optar livremente pela atitude que lhe pareça mais conforme a sua convicção e a seus interesses. Os assalariados não grevistas devem poder trabalhar livremente e em segurança, sejam eles minoria na empresa ou constituam – o que é o caso muitas vezes – a maioria dos trabalhadores. *Qualquer obstáculo à liberdade individual do trabalho, qualquer que seja sua forma, é ilícito.*

2) *O direito de ir e vir livremente*. "Nenhum homem pode ser acusado, preso ou detido senão nos casos previstos por lei e segundo as formas por ela prescritas", especifica a Declaração dos Direitos do Homem e do Cidadão de 1789, à qual faz referência o preâmbulo das Constituições de 1946 e 1958.

Qualquer sequestro, qualquer tomada de reféns são ilícitos.

3) *O direito de usar livremente a propriedade* (ver igualmente a Declaração de 1789). Não se trata de o chefe da empresa dispor incondicionalmente do instrumento de trabalho, mas fazê-lo funcionar o melhor possível para o conjunto dos membros da empresa e para o conjunto da coletividade. O que está em causa é a propriedade de um instrumento de trabalho que sustenta numerosas pessoas e fornece produtos ou serviços a um número ainda mais considerável.

Qualquer ocupação de locais, qualquer destruição de material, qualquer sabotagem é ilícita.

Essas extrapolações do exercício normal do direito de greve levam, portanto, a abusos graves, que entravam o exercício normal de outros direitos constitucionais.

Mas também criam situações intoleráveis – entraves à liberdade individual, ocupações, sequestros – *que contribuem para o aumento e desenvolvimento da violência.*

III. Qual a definição de greve?

Não existe, portanto, *definição legal* de greve. De acordo com os elementos revelados pela jurisprudência – cuja importância reafirmamos –, a greve pode, ainda assim, ser definida como: *a paralisação orquestrada do trabalho a fim de apoiar reivindicações profissionais já determinadas, às quais o empregador se recusa a atender.*

É a partir dessa tentativa de definição – em que cada termo tem sua importância – que podem ser analisados certos aspectos da greve. Destacamos em especial, e sem querer analisar todos:

1) *Apoiar reivindicações profissionais.* Isso implica que a greve com objetivo político é ilícita, porque "se imiscui no exercício dos atos reservados ao poder público, subvertendo, assim, o jogo das instituições constitucionais". E a greve é ilícita mesmo "quando seu caráter profissional se encontra absorvido por seu caráter político". Ela é contrária à natureza da atividade dos sindicatos, que, segundo o Código do Trabalho, "têm exclusivamente por objeto o estudo e a defesa dos interesses econômicos, industriais, comerciais e agrícolas".

2) *Parar o trabalho.*

a) O movimento muitas vezes denominado, de forma incorreta, de *operação tartaruga* consiste em uma simples desaceleração do trabalho pelos assalariados de uma empresa, sem que haja interrupção completa. Não há cessação do trabalho: para a jurisprudência, a "operação tartaruga" não é uma greve protegida pela Constituição.

b) *As paralisações repetidas em toda a empresa, as greves rotativas* (grupos diferentes param de trabalhar alternadamente) não são consideradas, *em princípio*, um abuso do direito de greve. Mas a jurisprudência reconhece nelas um caráter abusivo quando levam a "uma desorganização orquestrada da produção", quando provocam "uma perturbação anormal, grave e onerosa" da produção, quando traduzem "a intenção maliciosa de prejudicar a situação da empresa".

Podemos multiplicar os exemplos. Quando se fala de cessação *orquestrada* do trabalho, isso significa que a greve pressupõe um movimento *coletivo*, tendente a um mesmo objetivo. Quando se fala de reivindicações profissionais *já determinadas*, isso significa que essas reivindicações devem ser previamente expressas e conhecidas da direção da empresa etc.

Em suma, *o direito acaba onde o abuso começa.*

IV. A greve, hoje...

No século XIX, a greve se apresentava como uma prova de força entre os trabalhadores e o patrão de uma empresa. Mas, de fato, somente a empresa era afetada.

A vida econômica como um todo não era perturbada. A população não sofria – ou sofria apenas indiretamente – as consequências da greve.

A empresa, a vida econômica e a própria sociedade tornaram-se mais complexas. Basta que uma categoria de funcionários faça greve na empresa para que toda a empresa corra o risco de ser paralisada, sobretudo se os grevistas, mesmo em pequeno número, estiverem situados em pontos estratégicos.

As atividades econômicas estão cada vez mais dependentes umas das outras: a paralisia de uma empresa ou de uma profissão pode levar, progressivamente, a profundas perturbações da vida econômica como um todo. O exemplo de certas greves em serviços públicos demonstra isso claramente.

O resultado é que a população sofre cada vez mais diretamente as consequências da greve. A vida cotidiana dos cidadãos é perturbada. (Exercer pressão sobre o público parece até fazer parte da estratégia de algumas greves). *Ora, se a greve é um direito, ela encontra seu limite no direito dos cidadãos de viver em condições normais.*

Em especial, é necessário que os serviços públicos funcionem com continuidade. Do contrário, a vida econômica e social fica profundamente perturbada, e sua expansão é comprometida.

Foi possível mensurar esse prejuízo causado à economia e, por consequência, aos assalariados e às famílias na longa greve dos Correios no fim de 1974: um serviço público – entre outros – paralisado e o que se tem é uma desaceleração – prejudicial a todos – do conjunto da vida do país. Esse tipo de greve tem parentesco com a greve "tampão"[3], que permite a uma minoria, estrategicamente bem colocada, bloquear o funcionamento de uma empresa. Alguém tem realmente o direito de bloquear as engrenagens de uma sociedade empresarial?

Essas observações não são de modo algum um ataque ao princípio do direito à greve. Em todas as sociedades, existem tensões. Não é possível eliminá-las, mas é preciso resolvê-las, porque nesse caso são geradoras de progresso. Elas podem ser resolvidas pela conciliação ou pela demonstração de força.

Quanto mais evoluída é uma sociedade e, consequentemente, mais complexa, mais vivas e numerosas são as tensões. Querer resolvê-las por demonstrações repetidas de força é provocar a falência da empresa, é condená-la à morte.

Assim, a evolução da nossa sociedade não conduz de modo algum à generalização inexorável da greve. Muito pelo contrário, pois uma sociedade complexa é uma sociedade vulnerável.

Resta então a conciliação, e a greve mantém-se como a arma excepcional do último recurso.

---

[3] Na chamada "grève bouchon" (literalmente, "greve rolha" ou "greve tampão"), um setor específico da empresa não realiza suas atividades a fim de paralisar toda a produção. (N. T.)

V. Prioritariamente, buscar a conciliação

Devemos insistir nisto: um conflito pode ser resolvido seja pela demonstração de força – a greve –, seja pela conciliação.

O assalariado, a empresa, a economia e a população têm interesse em que a demonstração de força, incômoda e onerosa para todos, seja evitada.

É preciso, *prioritariamente*, buscar a conciliação dos interesses divergentes.

1) *A conciliação tornou-se obrigatória* pela Lei de 11 de fevereiro de 1950, relativa às convenções coletivas e aos procedimentos de regulação dos conflitos coletivos do trabalho, que dispõe em seu Artigo 5º: "**Todos os conflitos do trabalho** e, em especial, os conflitos coletivos que surgirem por ocasião do estabelecimento, revisão ou renovação de convenções coletivas e acordos de estabelecimento previstos pela presente lei *devem ser obrigatória e imediatamente submetidos aos procedimentos de conciliação*".

a) *A conciliação convencional.* O Artigo 6º da mesma lei especifica:

As convenções coletivas devem conter disposições concernentes aos procedimentos contratuais de conciliação segundo os quais são regrados os conflitos coletivos de trabalho, suscetíveis de ocorrer entre os empregadores e os trabalhadores ligados pela convenção, quer surjam da aplicação, da revisão ou da renovação da convenção.[4]

O texto da lei não especifica a maneira pela qual devem funcionar os processos de conciliação. Inúmeras convenções coletivas e numerosos acordos de empresa instituíram comissões paritárias de conciliação.

b) *A conciliação regulamentar.* A mesma lei (modificada pela Lei de 26 de julho 1957)[5] dispõe em seu Artigo 7º:

Os conflitos coletivos de trabalho que, por qualquer razão, não tenham sido submetidos a um procedimento convencional de conciliação, estabelecido pela convenção coletiva ou por um acordo particular, *são obrigatoriamente levados, no prazo de um mês, diante de uma comissão nacional ou regional de conciliação*.

Essas comissões são tripartites: empregadores, assalariados, poderes públicos.

Assim, *a conciliação é obrigatória*: a conciliação regulamentar deve sanar a deficiência eventual da conciliação convencional. Mas as comissões nacionais e regionais, e também as seções departamentais competentes, não operam de forma satisfatória.

---

[4] Do mesmo modo, o Artigo 31g do Livro I do Código do Trabalho.
[5] A lei prevê também procedimentos de mediação e arbitragem.

2) *Mas não é obrigatório que os procedimentos de conciliação funcionem antes da deflagração da greve*: uma greve pode ser deflagrada sem que sejam previamente empregadas as instituições legais ou convencionais de conciliação.

No entanto, várias convenções coletivas e acordos de empresa contêm uma cláusula que prevê obrigatoriamente o recurso prévio à conciliação, antes de qualquer greve (ou qualquer *lockout*). Alguns textos preveem um prazo entre a decisão de fazer greve e a efetiva paralisação do trabalho, o que muito frequentemente facilita a conciliação de última hora.

3) *A greve deveria ser obrigatoriamente antecedida de um procedimento de conciliação*. Todos os exemplos provam que a greve é custosa e incômoda para todos. Além disso, está claro que, hoje, o progresso social não passa mais pela greve.

Evitar a greve, recorrendo necessariamente ao procedimento de conciliação antes de qualquer paralisação do trabalho, é do interesse de todos, e a greve se mantém como a última arma em caso de fracasso da conciliação.

***

O método contratual provou seu valor. Permite aos parceiros sociais – patronato e sindicatos – estudar os problemas no nível onde se colocam – da profissão, da região, da empresa – e apresentar as soluções mais adequadas. A negociação conjunta substitui a demonstração de força como um método eficaz para resolver os conflitos coletivos de trabalho, confrontando os interesses divergentes, e ainda mantém em atividade os instrumentos do progresso social: a empresa, a profissão, a economia em seu conjunto.

VI. A greve e o progresso social

A greve é em si um meio eficaz, o meio mais eficaz de melhorar as condições sociais?

É incontestável que, no século XIX e no início do século XX, as greves aceleraram a prática de medidas sociais importantes. É verdade que, no nível de uma empresa ou de um serviço, o pessoal obteve, em certos casos, vantagens imediatamente interessantes como decorrência de uma greve.

Mas a greve é custosa para o grevista e para a coletividade. Um aumento de salário obtido ao fim de uma longa greve frequentemente não faz mais que compensar a perda de recursos provocada pela greve. A perda de produção lesa a empresa e toda a comunidade. E o público, devemos retornar a ele, às vezes sofre diretamente as consequências da greve.

Acrescentamos que certas categorias da população, mal situadas para exercer tal pressão, seriam sempre alijadas do progresso social por não poderem recorrer à greve: idosos, deficientes, mães de família...

Na realidade, o esquema simplista da greve "proletária" do século XIX está ultrapassado. Hoje, os motores do progresso social são de outra natureza.

• *A expansão e o aumento da produtividade* criam riquezas que permitem melhorar o padrão de vida de maneira efetiva e durável. Se, em vinte anos, o poder de compra do salário por hora foi multiplicado por 2,5, esse resultado foi possibilitado pela expansão e pelo aumento da produtividade.

• *A política contratual* conduzida pelos parceiros sociais – patronato e sindicatos – no nível da empresa, no nível da profissão e no nível interprofissional nacional permite melhorar a condição dos assalariados.

Há 25 anos, ela foi profundamente alterada, em especial pelos grandes acordos paritários nacionais: aposentadoria complementar, quarta semana de férias pagas, indenização por desemprego parcial e total, demissões coletivas, pagamento mensal, formação e aperfeiçoamento profissionais, assalariados dispensados após os sessenta anos, subsídio para assalariados dispensados por motivos econômicos, acordo sobre as condições de trabalho etc.

O progresso social se deve, essencialmente, a esses grandes acordos paritários nacionais, assim como a mais de mil convenções coletivas nacionais, regionais e locais, completadas e aperfeiçoadas por quase 20 mil alterações, sem contar os acordos de empresa.

O verdadeiro motor do progresso social é a expansão, a negociação e a conciliação, e não a demonstração de força.

• Em países como a República Federativa da Alemanha, a Suíça e os países do Benelux, que sofrem poucas greves, o padrão de vida progrediu tão rápido quanto na França.

É necessário definir melhor o conceito de greve na sociedade moderna

1) *Por que isso é necessário?*

a) A empresa, a vida econômica e social e a sociedade sofreram transformações profundas. E, no entanto, o modelo da greve "proletária", com mais de um século de vida, continua presente em muitos espíritos.

Esse modelo é anacrônico, pois os próprios objetivos e modalidades da greve se transformaram.

b) A greve é um direito constitucional, mas as leis que, segundo o preâmbulo da Constituição, deveriam regulamentá-la para assegurar o respeito igual de outros direitos – liberdade de trabalho, direito de propriedade, liberdade individual de ir e vir, direito de qualquer cidadão a viver em condições normais – não existem (salvo o Artigo Primeiro da Lei de 27 de dezembro de 1968, que remete ao princípio da liberdade individual do trabalho; ver II, 1).

A jurisprudência permitiu que essa lacuna jurídica fosse parcialmente preenchida, apesar de algumas insuficiências e contradições. Mas não existe nenhuma definição legal de greve, nenhuma lei que especifique seus limites, nenhuma lei que regulamente as novas modalidades de greve – greve "tampão" ou greve "trombose", greve "rotativa" etc.

c) Definir melhor a noção de greve na sociedade moderna.

• *É especificar os limites da greve, é condenar seus abusos, é agir no espírito da Constituição.*

• *É colocar a greve de acordo com os fatos, isto é, com os imperativos da empresa, da vida econômica e social, da sociedade de hoje.*

• *É superar qualquer equívoco, permitindo ao assalariado conhecer perfeitamente seus direitos e os limites deles.*

2) *Alguns princípios essenciais.*

a) O direito de greve deve se exercer apenas para a defesa de interesses profissionais.

b) A liberdade individual de trabalho deve ser respeitada: nenhuma pressão, nenhuma ameaça, nenhuma violência tendo por objetivo proibir um assalariado de trabalhar poderia ser tolerada.

c) A liberdade das pessoas deve ser respeitada: todo sequestro, toda tomada de reféns devem ser condenados.

d) O respeito ao direito de propriedade exclui qualquer ocupação das instalações e qualquer sabotagem.

e) O movimento chamado "operação tartaruga" não é uma greve.

f) Algumas formas de greve devem ser objeto de um exame particular: a greve "tampão", que permite a uma pequena minoria paralisar uma empresa inteira, atentando também contra a liberdade de trabalho da maioria dos assalariados; a greve "rotativa", que muitas vezes tem por objetivo a desorganização da produção.

g) A população como um todo deve ser protegida contra as consequências da greve.

h) A greve deveria ser obrigatoriamente antecedida de um procedimento de conciliação.

Suplemento do CNPF, n. 363, abril de 1976

A POLÍTICA NA EMPRESA

A empresa deve ser um lugar politicamente neutro, consagrado ao trabalho, e não um fórum político

Enquanto numerosas comunidades enfraqueceram ou se desagregaram, a empresa continua a ser uma comunidade sólida.
É a célula fundamental da economia.
É um dos terrenos privilegiados do diálogo.
É por isso que é uma presa tentadora para as organizações políticas, que gostariam de desenvolver ali sua ideologia e organizar sua propaganda.
Ora, a empresa deve ser um lugar politicamente neutro, consagrado ao trabalho.
A implantação de partidos políticos na empresa conduziria à instalação de aparelhos políticos que se esforçariam para tomar o lugar da hierarquia normal da empresa, inspirar ou controlar a representação sindical, cooptar os assalariados.
Politizar a empresa é desorganizá-la e colocá-la na impossibilidade de desempenhar seu verdadeiro papel, que é econômico e social. É transformar o diálogo social sobre questões concretas em enfrentamento político em torno de ideologias.
O exercício do direito sindical na empresa é plenamente reconhecido pelos chefes de empresa. Mas a vida da empresa não deve ser de modo algum perturbada pela intervenção de organizações políticas que, de acordo com a lei, não gozam de nenhum direito no interior da empresa.

I. Instruções e ação políticas.

Algumas organizações políticas expressaram publicamente sua vontade de organizar reuniões políticas nas empresas. Em muitos casos, esforçaram-se para realizar tais reuniões. Uma intensa atividade é assim desenvolvida por essas organizações políticas para se implantar, segundo diversas modalidades, dentro das empresas.

Eis os argumentos invocados em diversos textos publicados na forma de relatórios de estudos, artigos de revistas e de jornais políticos ou sindicais:

> É na empresa que o caminho da vida e o caminho das ideias revolucionárias se recortam com mais clareza e rapidez.
>
> A empresa é o nó da crise e o centro de seu desenlace, o terreno de batalha.
>
> Ela é o lugar onde o conflito de classes é mais direta e constantemente vivido.
>
> A empresa está no centro do debate sobre a transformação da sociedade. Sobre as condições de transformação desta última, os sindicatos e os partidos têm, cada um em seu terreno, alguma coisa a dizer.
>
> A mudança de política não pode resultar somente da intervenção sindical, qualquer que seja sua qualidade. O movimento sindical pode contribuir e contribui para despertar as consciências, mas não pode fazer tudo. Ele não conduz necessariamente ao engajamento e, sobretudo, à escolha política. Desse ponto de vista, é ainda muito importante, a nosso ver, que os trabalhadores façam uma escolha política.
>
> Etc.

O objetivo político é, assim, inequivocamente indicado. Os chefes de empresa são contrários, e opõem-se por todos os meios legais, à realização de reuniões nas empresas.

II. A empresa, objetivo número 1. Por quê?

Uma comunidade sólida

• *Muitas coletividades enfraqueceram ou se desagregaram.*

A transformação do modo de vida (automóvel, televisão, fuga para uma residência secundária ou para o campo etc.) distendeu as relações sociais e enfraqueceu a vida associativa.

As migrações internas desvitalizaram as pequenas comunidades; a coesão do tecido social e a solidariedade entre os homens resistem mal ao gigantismo das grandes cidades: a dispersão e o gigantismo alteram a vida social.

Na cidade grande, as pessoas se falam menos, se visitam menos e se conhecem menos. Com frequência, ela é o reino do anonimato.

• *Já a empresa continua a ser uma comunidade sólida*, apesar das profundas transformações pelas quais passou há um quarto do século, e, sem dúvida, por causa delas: a reforma permanente da empresa, isto é, sua adaptação constante às realidades econômicas e às aspirações dos homens, é uma das causas de manutenção de sua vitalidade.

Ela conservou sua *coesão*, o que não excluiu a reivindicação, ou mesmo a contestação, porque a empresa, comunidade humana, é também um lugar de confronto entre interesses diversos[6].

Ela agrupa, durante várias horas por dia, todas as categorias de assalariados – homens, mulheres, jovens, imigrantes –, todos os escalões da hierarquia – direção, quadros executivos, funcionários de escritório, operários. A empresa é um lugar de contato, confronto e intercâmbio entre os homens e as mulheres que se conhecem, se falam e, muitas vezes, se estimam: no local de trabalho, *o assalariado sai do anonimato*.

Assim, a empresa é um dos terrenos privilegiados do diálogo.

Um contato permanente com o real
• A empresa é um meio onde os homens, quaisquer que sejam suas orientações políticas ou sindicais e suas concepções doutrinárias, são constantemente reconduzidos, pelo próprio exercício da profissão, aos problemas *da realidade cotidiana*.
• Na empresa, cada um é julgado por seus próximos por sua *competência profissional* e sua atitude em relação aos outros.
• Na empresa, cada um se sente pessoalmente *responsável por seus atos*.

Contato com o real, responsabilidade pessoal, competência profissional: estamos num domínio muito diferente daquele da ideologia e da propaganda.

Assim, a empresa, quando evolui num clima de liberdade para se adaptar permanentemente a uma economia e a aspirações novas, levando em conta os imperativos do real, aparece como *um obstáculo a uma transformação revolucionária da sociedade*.

A empresa é a célula fundamental da economia
As empresas são os centros vitais da produção. Uma organização política cuja ação tem por objetivo tomar o poder e transformar radicalmente a sociedade considera a empresa politizada *uma engrenagem essencial do mecanismo revolucionário*.

Por todas essas razões, ela é uma presa tentadora para as organizações políticas que, cotidianamente e sob diferentes formas, poderiam desenvolver ali suas ideologias e organizar sua propaganda.

---

[6] Ao contrário do que pretendem alguns, a empresa não é teatro de um confronto permanente e violento entre interesses, ideias e homens. Uma pesquisa de opinião da Sofres, cujos resultados foram publicados em janeiro de 1975, mostra que, de 100 assalariados, 74 confiam em seu chefe de empresa para enfrentar as consequências da crise, 20 não confiam e 6 não têm opinião. As ordens de grandeza são as mesmas, quer se trate de homens ou mulheres e seja qual for a idade *ou a preferência política*. E, segundo a pesquisa, 77% dos operários confiam em seu chefe de empresa. Esses números são confirmados por uma pesquisa de opinião publicada em fevereiro de 1976 pela revista *L'Expansion*: 75% dos assalariados confiam nos dirigentes da empresa para assegurar seu bom funcionamento.

III. A empresa deve ser um lugar politicamente neutro, consagrado ao trabalho
   A neutralidade política da empresa
   A empresa não se preocupa com a coloração política de seus clientes, assalariados, acionistas. Tampouco se preocupa com a cor de sua pele ou opções ideológicas, filosóficas, religiosas. Apenas conta para ela a aplicação dos meios que lhe permitem oferecer ao consumidor o produto que ele demanda.
   A empresa não deve ser entregue a um partido político, não deve ser objeto de uma competição entre partidos políticos rivais. A única competição da qual ela deve participar é a da concorrência e da inovação, para fabricar o melhor produto ou oferecer o melhor serviço pelo melhor preço, e nas melhores condições de trabalho.

   O papel de árbitro do chefe da empresa
   O chefe da empresa tem um papel permanente de arbitragem entre imperativos e entre interesses diferentes – dos assalariados, dos acionistas, dos clientes, dos fornecedores, do meio ambiente. Ele tem o dever de informá-los, permanentemente, sobre o funcionamento da empresa e os objetivos perseguidos.
   Politizar a empresa é tornar impossível a missão do chefe da empresa. Ou melhor, é desnaturá-la, forçando o chefe da empresa a arbitrar entre organizações políticas rivais: a empresa já não é um centro de produção, mas um fórum político, é acometida de paralisia econômica e torna-se incapaz de cumprir sua missão.

   A liberdade de cada um dentro da empresa
   A implantação de partidos políticos na empresa conduziria à instalação de *aparelhos políticos*.

   • Esses aparelhos políticos se esforçariam para tomar o lugar da *hierarquia* normal da empresa, aquela que é constituída pela direção, pelos executivos e pelo controle.
   Para cumprir sua missão, a empresa precisa ser dirigida, precisa de executivos e agentes de controle, e não de comissários políticos. Quando são estes últimos que comandam, isso já não é a livre iniciativa, isso já não é a sociedade de liberdade.
   • Além disso, qualquer aparelho político se esforçaria para inspirar e controlar os elementos que asseguram *a representação sindical*, ou mesmo tomar o lugar deles.
   • Finalmente, cada assalariado seria etiquetado. Seria objeto de solicitações, pressões, intimidações, cujo objetivo é sua *cooptação* para o dispositivo político. A seleção, a distribuição, a promoção do pessoal seria feita segundo critérios políticos e ideológicos.
   Opor-se à instalação da política na empresa, portanto à implantação de aparelhos políticos, é garantir a liberdade dos homens na empresa – liberdade de se sindicalizar,

liberdade para defender seus interesses profissionais, liberdade para não ter de prestar contas a quem quer que seja acerca de suas opiniões políticas.

O terreno da ação política
Alguns tentam justificar a irrupção da política na empresa afirmando que o destino da empresa depende de uma *solução política global* e, portanto, a empresa deve ser obrigatoriamente teatro de propaganda e ação visando impor uma solução política.

Ora, a ação política é, por definição, a que diz respeito à vida da cidade e à transformação da cidade. Ela se exerce nas formas previstas pela Constituição, no escalão do presidente da República, do governo e do Parlamento, e também das coletividades locais.

As instituições representativas das opiniões políticas são constituídas com base em circunscrições territoriais: comuna (ou bairro, nas grandes cidades), cantão, departamento, circunscrição eleitoral legislativa, toda a França (para a eleição do presidente da República). É nesse domínio que os partidos políticos têm razões para intervir.

IV. Os problemas econômicos e sociais relativos às empresas e os problemas da empresa devem ser abordados no âmbito desta última
• A missão das instituições da empresa – delegados do pessoal, seção sindical, comitê de empresa, comitê de higiene e segurança – é claramente definida. Umas têm como objetivo a reivindicação, ou mesmo a contestação; outras têm como finalidade a cooperação e a concertação.

Em ambos os casos, essas instituições levam em conta problemas próprios da empresa, bem conhecidos de todos que lá trabalham: *o diálogo social, qualquer que seja sua forma, pode ser fonte de progresso.*

• O chefe da empresa tem o direito e o dever de informar os assalariados sobre os problemas econômicos e sociais relativos às empresas. Os sindicatos têm a possibilidade de informar seus associados sobre esses problemas. Mas fazer de uma empresa um fórum onde são discutidos problemas políticos é *transformar o diálogo social* dedicado a questões concretas *em confronto político* em torno de ideologias.

O exercício do direito sindical na empresa, conforme a Lei de 27 de dezembro de 1968, é plenamente reconhecido pelos chefes de empresa. Mas estes têm o dever de velar para que a vida da empresa não seja de modo algum perturbada pela intervenção de organizações políticas que, segundo a lei, não gozam de nenhum direito dentro da empresa.

Suplemento do CNPF, n. 373, outubro de 1976

O HOMEM, A EMPRESA, A CIDADE

17-18 de outubro de 1977:
IV Conferência Nacional das Empresas

Estas "Notas e documentos" são uma breve síntese da Conferência Nacional de empresas organizada em Paris pelo CNPF nos dias 17 e 18 outubro de 1977.

Dar continuidade à melhoria das condições de vida no trabalho, dar ao corpo executivo os meios necessários para exercer plenamente suas responsabilidades, realizar uma melhor harmonia do crescimento industrial e de seu ambiente: sobre esses pontos essenciais, nosso texto apresenta as conclusões da conferência.

Essa importante manifestação marca a disposição dos chefes de empresa de participar da construção de uma sociedade de liberdade e responsabilidade.

Ela foi precedida de duas grandes jornadas "de portas abertas para a empresa", em que se apresentou um balanço do que vem sendo feito há vários anos, em particular desde a conferência realizada em 1972, em Marselha.

Nos dias 15 e 16 de outubro, 40 mil pessoas participaram de mais de 100 fóruns presididos pelos chefes de empresa, visitaram uma exposição – comunicação na empresa, segurança, formação, melhoria das condições de trabalho –, assistiram à projeção de filmes, ganharam um catálogo em que se mostravam as realizações de 2.500 empresas para melhorar a qualidade de vida dos homens no trabalho.

Na manhã de sábado, 4 mil executivos assistiram a uma conferência do sr. Fourastié e a uma palestra do presidente Ceyrac.

A esse diálogo com a opinião, ao qual damos a maior importância, será dado prosseguimento.

E a conferência de 1977 vai nos ajudar a ultrapassar uma nova etapa no caminho do progresso social.

Essas "Notas e documentos" têm o objetivo de destacar, numa breve síntese, as orientações essenciais e comuns às palestras de François Ceyrac, Paul Appell, François Dalle, Georges Chavanes e Jean Chenevier, vistas por 3 mil chefes de empresa.

A conferência tinha como tema: "O homem, a empresa, a cidade". Dois grandes relatórios foram apresentados: "O homem e a empresa" e "A empresa e a cidade".

O objetivo era estudar dois aspectos de um único e mesmo assunto: com qual espírito, e por qual método, a empresa deve responder às aspirações dos homens, como deve salvaguardar o progresso material e ao mesmo tempo melhorar a qualidade da vida?

A interrogação vale para *o homem em seu trabalho*, e é nesse sentido que a empresa pode oferecer a resposta ("O homem e a empresa"). Ela vale também para *o homem em sua situação de vida*, e é nas relações da empresa com o ambiente – a comuna, o bairro ou, em suma, a cidade – que a solução deve ser buscada, em grande parte ("A empresa e a cidade").

A empresa encontra-se, portanto, no centro da pesquisa e da ação, é a base do progresso.

É preciso encontrar o homem dentro da empresa, isto é, fazê-lo sair do anonimato e permitir que ele desabroche em seu trabalho, exercendo suas responsabilidades: *a descentralização NA empresa*, sempre que possível, responde a esse objetivo.

É preciso ir até o homem e lhe oferecer trabalho onde ele vive, onde exerce suas responsabilidades de cidadão: *a descentralização DA empresa* (ou a criação de novas empresas nas comunas), sempre que possível, responde a esse objetivo.

O homem e a empresa

A empresa é o instrumento do progresso econômico. Ela deve praticar "uma estratégia econômica de movimento", isto é:

> investir para inovar, reforçar as posições mais promissoras, assegurar nossa expansão no estrangeiro [...]. Os sucessos são indiscutíveis, mas são limitados pelos freios impostos a nossas empresas, que precisam de liberdades indispensáveis para uma estratégia de movimento. (François Ceyrac)

A empresa deve ser eficiente. Ora, "a eficiência pela qual os gestores empresariais são responsáveis perante a sociedade só pode resultar da combinação da competência e do respeito deles pelo homem" (Jean Chenevier).

A empresa deve responder às aspirações dos homens por mais liberdade e responsabilidade no trabalho, deve melhorar a qualidade de vida no trabalho.

Três grandes princípios inspiram a pesquisa e a ação dos chefes da empresa:
– todos precisam compreender a empresa em que trabalha e as finalidades que ela persegue;

– todos devem encontrar no trabalho amizade, confiança, consideração, responsabilidade;

– todos devem ser capazes de se realizar pessoalmente, no trabalho e por seu trabalho, dentro da empresa.

Seis pontos muito importantes foram objeto de troca de pontos de vista durante a conferência. Eis as conclusões, tais como se apresentam no relatório do sr. Paul Appell.

• *A comunicação na empresa:* É importante que cada um possa se exprimir em seu local de trabalho. Isso é possível graças à organização de reuniões regulares, integradas ao funcionamento normal da empresa e presididas pelo corpo executivo. "Informação ascendente, descendente, lateral: o corpo executivo desempenha aí um papel essencial. Essa responsabilidade deve ser claramente delegada a ele; a formação e os meios necessários devem ser fornecidos."

É capital *implantar rapidamente os meios de expressão direta dos assalariados no local de trabalho.*

• *A formação:* "Há poucos campos em que a interação do homem e da empresa seja tão evidente [...] Sua orientação permite antecipar as dificuldades, orientar as mudanças, conduzir a empresa em direção ao futuro. É um ato de direção, mas só será eficaz se responder às necessidades dos indivíduos".

É essencial que os líderes empresariais se preocupem pessoalmente com a orientação da formação e *se mantenham atentos à qualidade deles.*

• *A organização do tempo de trabalho:* grandes progressos foram registrados nesse domínio. É preciso prosseguir nessa via.

Duas abordagens parecem ser particularmente promissoras: o horário flexível, que permite a cada um conciliar suas obrigações pessoais com as do trabalho; a preparação do fim de carreira, que facilita a transição para a terceira idade levando em conta os desejos e a saúde de cada um.

• *A melhoria das condições de trabalho:* é preciso incluir o estudo dos problemas da *segurança* e do *ambiente dos locais de trabalho* na preparação de todos os projetos, qualquer que seja sua importância, e *envolver todos os interessados.*

A organização científica do trabalho, que separava nitidamente a concepção do trabalho de sua execução, conduziu a dois excessos: a centralização e a parcelização das tarefas.

Por conseguinte, é indispensável descentralizar a empresa, multiplicando os centros de decisão (as oficinas autônomas surgem como um dos caminhos do futuro), e ao mesmo tempo ampliar e reestruturar as tarefas para que o trabalho, aliando a concepção à execução, permita a cada assalariado valorizar sua inteligência, sua capacidade de iniciativa, seu senso de responsabilidade.

• *A avaliação da gestão social:* é necessário conhecer melhor as realidades sociais e humanas da empresa.

A experimentação deve ser a regra, e seria vão querer congelar em textos legislativos uma técnica em plena evolução.
• *Os problemas do corpo executivo.*
– A *concertação* com os executivos já existe, mas é preciso ir mais longe. Ela não pode ser decretada por notas de serviço ou textos legislativos.

"*A concertação é, portanto, um espírito de confiança recíproca, de cooperação, que deve ser aceita por todos os parceiros e cujas modalidades práticas devem ser melhoradas progressivamente, experimentalmente e de comum acordo*".

– A importância do papel do corpo executivo justifica plenamente sua situação material e moral, ou seja, seu *estatuto*.

Nós lutamos para que o corpo executivo não seja injustamente apenado em matéria de remuneração e aposentadoria.

– É necessário que os executivos possam exercer plenamente sua *responsabilidade social*, o que implica contato direto com os homens e exercício cotidiano de responsabilidades sociais.

Está fora de questão confinar os executivos num papel técnico.

A empresa e a cidade

O relator, sr. Georges Chavanes, destacou os seguintes pontos:
• A expansão econômica do último quarto de século, fundada sobre o desenvolvimento industrial, foi o suporte do progresso social que melhorou consideravelmente as condições de vida dos franceses.

Ao mesmo tempo, porém, "a vontade centralizadora, tradicional em nosso país, provocou uma urbanização rápida. Essa urbanização ocorreu em detrimento do campo, que foi pouco a pouco despovoado e desvitalizado em proporções por vezes catastróficas.

Em breve, a vida deixará o campo por falta de homens".
• Uma urbanização às vezes selvagem desenvolveu-se rapidamente. O peso das despesas com equipamento por habitante aumenta rapidamente com as dimensões da aglomeração. A superpopulação acarreta más condições de vida – habitação, tempo gasto com transporte, vida familiar e social perturbada, surgimento de novas formas de delinquência.

Os franceses em seu conjunto, e em especial os jovens, aspiram a uma melhor qualidade de vida.

Essas aspirações se manifestam no interior das empresas, e estas multiplicam esforços eficazes para responder a elas.

Mas a qualidade de vida, para os "citadinos a contragosto" revelados por pesquisas e sondagens, é também a possibilidade de viver em comunidades à altura do homem, de morar perto do trabalho, de recuperar ou encontrar, num tecido social coerente e solidário, a riqueza de uma vida equilibrada.

Em vez de fazer os homens irem até as fábricas, fazemos as fábricas irem até os homens.

Temos espaço, o que é nossa riqueza e nossa sorte. É melhor dispersar o trabalho para melhorar as condições de vida dos homens e das famílias, tal é a nossa finalidade.

> Para conseguir isso, e para não decepcionar os jovens, é urgente repensar nosso desenvolvimento, visando a criação de novas empresas de tamanho humano e a implantação de estabelecimentos descentralizados, em cidades pequenas e médias. Trata-se de uma verdadeira reorientação [...].

Mil iniciativas que levem a realizações em campo poderiam ter um efeito de impulso decisivo.

• Para que a empresa se insira na cidade como um fator de desenvolvimento harmonioso, é necessário que um diálogo permanente e profundo se instaure e se desenvolva entre os poderes públicos, os mandatários locais, os chefes de empresa e suas organizações. Essas novas relações devem se traduzir pela concertação: análise em comum dos problemas comuns (habitação, transportes, formação, horários etc.) para definir, em conjunto, soluções tanto mais eficazes na medida em que são fundadas sobre a melhor articulação possível de meios de qualquer natureza.

"*Não existe procedimento de encontros regulares entre municipalidades e empresas. Cabe a nós propor ocasiões de encontro e diálogo.*"

• As fórmulas serão necessariamente diferentes, pois é importante ter em conta o real.

> *Em numerosos casos, a criação de associações 1901, reunindo todos aqueles que, a títulos diversos, contribuem para a vida de uma aglomeração ou de uma bacia de emprego, permitiu aos eleitos, aos membros da administração, aos representantes dos chefes de empresas e das categorias socioprofissionais conjugarem seus esforços por um desenvolvimento harmonioso da comunidade.*

A missão dos chefes de empresa

Nós somos homens de duplo pertencimento: pertencemos ao mundo da eficiência e ao mundo da solidariedade humana.

Nós devemos ser agentes eficientes de transformação da sociedade, os agentes da mudança. Em um tempo em que parece haver apenas desilusão, derrotismo e arrependimento, temos de multiplicar nossos esforços de pesquisa para evitar a necrose burocrática, para transformar profundamente nossas ferramentas de produção e distribuição, bem como nossos modelos de organização do trabalho, para assumir riscos [...]. (François Dalle)

O presidente François Ceyrac concluiu:

Em uma sociedade um pouco cansada de seu sucesso, ameaçada pela burocracia e privilegiando perigosamente a segurança em detrimento do risco, a empresa continua a ser uma fonte excepcional de inovação, iniciativa e responsabilidades pessoais.

Pela evolução permanente à qual está submetida, a empresa sacode a rotina, questiona a situação conquistada, assegura a mistura social, que é o sinal de um corpo vivo.

[...]

Nós somos também, no nosso plano, aglutinadores de homens que distinguem e às vezes separam origem, formação, convicções, e cujas empresas formam uma comunidade que têm os mesmos objetivos e partilha as mesmas preocupações.

[...]

Nós somos, enfim, um elemento determinante de uma sociedade aberta.

– A própria diversidade dos milhares de responsáveis de empresas de todos os tamanhos, vindos de todas as regiões da França para trabalhar juntos estes dois dias, é testemunha disso. A cada ano, nós nos enriquecemos com todos aqueles que querem ser "seu próprio patrão" e se estabelecem por conta própria; ao mesmo tempo, nas grandes empresas, a descentralização e a gestão em equipe multiplicam o número daqueles que participam das responsabilidades da direção.

– O espírito que nos anima – o espírito de empresa – nos põe em contato natural com aqueles que, neste país, são artesãos, agricultores, profissionais liberais... assumem o risco e a honra de sua empresa.

[...]

Essas conferências evidenciaram a vontade das empresas de buscar novas condições de vida no trabalho para seus operários, seus empregados, seu corpo executivo. E estabelecer também uma melhor harmonia entre a indústria e o meio a sua volta. Aquilo que já foi realizado é considerável.

É preciso prosseguir e ampliar esse duplo esforço.

A economia da liberdade nos impõe desafios cotidianos e nos obriga constantemente a nos questionar. Essa é a natureza e a grandeza do nosso ofício de chefes de empresa.

Suplemento do CNPF, n. 386, dezembro de 1977

Die Neue Zeit

Cabeçalho de *Die Neue Zeit*, órgão do SPD (Sozialdemokratische Partei Deutschlands), editado por Karl Kautsky, onde em janeiro de 1887 foi publicado *Juristen-sozialismus* (*O socialismo jurídico*).

Publicado em 2016, 130 anos após Friedrich Engles e Karl Kautsky terem redigido *O socialismo jurídico* (Boitempo, 2012), uma crítica ferrenha ao reformismo jurídico e sua influência no movimento operário, este livro foi composto em Adobe Garamond Pro, corpo 11/13,2, e reimpresso em papel Avena 80 g/m² pela gráfica Sumago, em novembro do mesmo ano, para a Boitempo, com tiragem de 2 mil exemplares.